루터와 함께 읽는
갈라디아서

루터와 함께 읽는

갈라디아서

홍지훈 지음

동연

『루터와 함께 읽는 갈라디아서』의 저자인 홍지훈 교수는 평생을 호남신학대학교에서 역사신학 교수로서 신학생들을 양육하는 데 헌신해 온 신학자이다. 동시에 교회 현장에 대한 관심도 남달라서 현장에서 꾸준히 설교와 성경 공부를 해 온 목회자이다. 이 책은 이런 신학자이자 목회자인 저자가 은퇴를 앞둔 마지막 학기에 심혈을 기울여 출간하는 책이다.

저자가 후기에서 직접 밝히듯이, 이 책에는 이런 저자의 특징이 잘 반영되어 있다. 이 책은 저자가 교회 현장에서 교인들과 함께 성경 공부한 결과물이다. 저자는 1세기의 바울의 갈라디아서를 읽되, 한편으로는 16세기의 종교개혁자 마르틴 루터의 갈라디아서 주석과 비교·검토하며, 또 다른 한편으로는 21세기의 한국교회의 신앙의 삶을 염두에 두고 읽는다.

바로 여기에 이 책의 소중한 가치가 있다. 성경은 일차적으로 기록 당시의 상황에서 읽으며 이해해야 하고, 이차적으로 우리의 현 상황에서 읽으며 적용해야 한다. 전자를 소홀히 하면 성경의 메시지가 왜곡되고, 후자를 소홀히 하면 성경의 생명력이 약해진다. 이 책은 이 두 차원에다가 대표적인 종교개혁자인 루터의 주석을 통해 역사적인 차원까지 더하고 있다. 그래서 이 책은 21세기 한국 개신교회에서 신앙의 삶을 살아내려는 그리스도인들에게, 목회자들에게는 물론, 교인들에게도 기꺼이 일독을 추천할 만한 가치가 충분하다. 이 책이 이런 바람직한 성경 읽기의 효시가 되기를 바란다.

김병모
호남신학대학교 신약학 교수

머리말

루터의 신학을 전공한 필자에게 갈라디아서는 중요한 의미를 가지고 있습니다. "그리스도께서 우리를 해방시켜 주셔서, 자유를 누리게 하셨습니다. 그러므로 굳게 서서, 다시는 종살이의 멍에를 메지 마십시오"(갈 5:1)라는 말은 바울로부터 루터에 이르기까지 그리고 오늘 우리들에게도 큰 울림을 주는 선언문이기 때문입니다.

1995년 2학기부터 30년 동안 호남신대 역사신학 교수로 봉직하면서, 종교개혁 정신이 한국교회와 그리스도인에게 회복되기를 간절히 바라는 마음으로 종교개혁사를 가르쳤습니다. 그리고 13년 전인 2012년에 평화목교회를 개척하여 협동목사로 섬기면서 꾸준히 설교하고 성경 공부를 인도하였는데, 올해 은퇴를 앞두고 마지막 성경 공부로 선택한 것이 바울의 갈라디아서입니다. 매 주일 30분씩 갈라디아서를 강의하면서, 저는 500년 전 루터가 되는 상상을 했습니다.

갈라디아서 강의를 마치는 날, 이 강의를 책으로 만들어 평화목 교우들께 선물로 드리겠다는 약속을 하고 나서, 6개월 정도 추가 작업을 하였습니다. 왜냐하면 루터의 갈라디아서 강해에 나오는 내용들과 비교하면 좋겠다고 생각하였기 때문입니다. 그래서 책의 제목이 "루터와 함께 읽는 갈라디아서"가 되었습니다. 갈라디아서 본문을 해석하고 각주를 달아서 루터의 갈라디아서 강의의 내용을 넣고, 오늘의 상황에

주는 루터 사상의 의미를 새겨 넣었습니다.

강의 내용 앞에 새번역 성서 본문을 넣어서 먼저 본문을 묵상하도록 배열하였습니다. 먼저 바울의 말을 묵상하고 나서 저의 강의를 읽으면 갈라디아교회의 역사적인 상황을 이해할 수 있을 것입니다. 동시에 역사신학자가 늘 하던 대로, 과거의 상황을 오늘 우리의 현실 속으로 가져오려고 노력하였습니다. 그것은 미래의 교회를 전망하는 역사신학자의 의무이기 때문입니다.

글을 읽다가 각주가 달린 곳은 하단에 설명된 루터의 사상을 엿볼 수 있습니다. 만일 그런 방식이 번거롭게 느껴진다면, 각주는 한 번에 몰아서 읽어도 됩니다. 사실 저의 강의의 기본 정신은 이미 루터의 사상에서 나온 것이기 때문입니다.

루터의 신학을 소개하는 학술논문은 넘쳐납니다. 하지만 읽는 사람들은 소수입니다. 저는 이 글을 그리스도인 교우들과 함께하는 성경공부 책으로 저술하였고, 틈틈이 쉬운 말로 루터의 해설을 소개하여 해석의 근거를 종교개혁 정신에서 채용하였습니다. 그러므로 이 책은 루터의 종교개혁 사상을 바탕으로 읽는 갈라디아서라고 이해하면 됩니다.

지난 13년간 설교하고 성서를 강의할 기회를 주신 평화목교회와 교우들께 고마운 마음을 전합니다. 대학 강단에서만이 아니라 교회의 현장에서 "신학이 있는 교회와 신앙"을 함께 만들어갈 수 있었던 것은 저에게 축복이었습니다. 이제 저의 신학 사상이 듬뿍 담긴 갈라디아서를 전달하게 되어서 기쁜 마음으로 정년을 맞이할 것 같습니다.

제가 갈라디아서를 읽고 이해하는 데 참고한 『앵커바이블 갈라디아서』(J. 루이스 마틴, 기독교문서선교회)를 번역하고, 제게 선물한 동료 김병모 교수님께도 감사드립니다. 역사적인 관점으로 던지는 역사신학자의 거친 질문들에 바울 전공자인 교수님은 언제나 지혜롭게 응대해 주셨고, 초고에 대한 꼼꼼한 교정 제안과 함께 써주신 과분한 추천의 글 또한 감사드립니다.

3년 전 『종교개혁 신학과 개신교 신앙』을 출판할 때도 격려해 주시고, 이번에도 흔쾌히 출판을 허락해 주신 도서출판 동연 김영호 대표님께 감사드리면서, 갈라디아서를 통해 만나는 바울의 신앙과 루터의 신학이 이 책의 독자들께 작은 울림이 되면 좋겠습니다.

2025년 가을
지은이 홍지훈

서 론
성서란 무엇인가

갈라디아서를 읽기 전에 "성서란 무엇인지?"에 관하여 정리할 필요가 있습니다. 물론 이런 제목으로 다양한 책이 출판되었다는 것은 그리 간단하게 설명할 수 있는 주제가 아니라는 뜻임을 압니다.[1] 필자의 전공은 교회사이고, 세부 전공은 루터의 신학을 중심으로 하는 종교개혁사입니다. 그래서 역사신학자의 눈으로 이해하는 성서란 무엇인가에 대하여 간단하게 살펴보겠습니다.

3년 전에 『종교개혁 신학과 개신교 신앙』이라는 저술을 출판한 적이 있습니다. 그 안에 "종교개혁과 성서"라는 항목이 있는데, 종교개혁 전공 신학자의 입장에서 본 성서와 성서의 중요성에 대한 내용을

---

1 호남신학대학교 편, 『성서란 무엇인가?』(한국장로교출판사, 2005). 이 책은 "무엇인가?"(What is?) 시리즈 중 제6권으로 호남신학대학교 신학 전공 교수들이 자기 전공의 눈으로 이해하는 성서관을 담은 입문서를 참고하였다.

담고 있습니다.[2] 사실 이 책은 모든 그리스도인을 독자로 삼아 쓴 글입니다. 그리고 그 바탕에는 역사신학적인 사고를 하면서 신앙생활을 하도록 안내하려는 목적이 자리하고 있습니다. 그래서 "루터와 함께 읽는 갈라디아서"라는 제목의 이 책도 스스로 생각하면서 갈라디아서를 함께 읽어보려는 의도를 담았습니다. 먼저 구약성서와 신약성서 전체에 대한 이해를 해보겠습니다.

1. 구약성서

종교는 그 종교의 가르침을 담은 경전을 가지고 있습니다. 경전이 없는 종교들은 역사 속에서 그리 오래 지속되지 못했습니다. 그래서 경전을 가진 유대교, 불교, 그리스도교, 이슬람교 같은 종교들은 현존하고 있습니다. 더구나 그 경전의 내용도 심오해서 경전에 대한 연구도 필요합니다.

기독교의 경전인 성서의 성격을 이해하는 데 다른 종교의 경전과 비교하는 것이 도움이 됩니다. 불교는 주전 500년경에 살았던 석가모니(BC 560~480)의 설법이 퍼져 나가서 오늘날 불경들이 되었습니다. 넓은 의미에서 불경은 삼장(三藏)이라는 방대한 문서군(群)인데 경장(經藏), 율장(律藏), 논장(論藏)으로 구분됩니다. 대장경이라고 부르는

---

2 홍지훈, 『종교개혁 신학과 개신교 신앙』 (동연, 2022), 101-130.

이유는 분량 때문입니다. 하지만 석가모니의 설법을 담은 것으로 여겨지는 경장이 엄밀한 의미에서 불경입니다.

경장들은 석가모니 사후 약 400년간 제자들에 의하여 구전으로 전해지던 것이 주전 1세기경에 문서화되었다고 합니다. 그 내용은 사람들을 깨우쳐 부처(깨달은 자)가 되도록 인도하는 석가모니의 설법입니다.

유대교 경전은 기독교에서 '구약'이라고 부르는 성서입니다. 율법서(Torah), 예언서(Neviim), 성문서(Kethuvim)의 첫 글자를 따서 타나크(TaNaK)라고 부릅니다. 하지만 타나크도 저술되는 데에 긴 과정이 있었습니다. 이스라엘은 여호와 하나님을 섬겼습니다. 그래서 그 당시의 이스라엘의 종교를 여호와종교라고 부릅니다. 북왕국과 남왕국으로 분열된 후에 남쪽 유대와 북쪽 이스라엘은 정치적으로도 대립했을 뿐만 아니라 종교적으로도 분열되었습니다. 남쪽에 위치한 예루살렘 성전(솔로몬 성전)에 대항하여 북이스라엘은 세겜을 중심으로 베델과 단에 산당을 짓고 금송아지를 만들어 예배의 중심지로 삼았으며, 사마리아인들은 그리스제국의 지배를 당하던 시대에 세겜의 그리심산에 성전을 지었습니다. 여호와종교는 성전 중심의 종교였습니다.

남유다 왕국이 바벨론 포로에서 귀환한 주전 537년부터 예루살렘 성전이 재건되었으며, 이들은 구전되거나 부분적인 자료로 전승되던 하나님의 말씀을 모아서 토라(BC 450년경)를 완성하였습니다. 뒤이어 네비임(주전 2세기)과 마지막에 케투빔이 모아져서 유대인들은 AD 90년 얌니아 종교회의를 열고 타나크를 유대교 경전으로 확정하였습니다.

하지만 주전 3세기 중반부터 이미 그리스어로 된 구약성서가 만들어 졌습니다. 히브리어를 읽지 못하는 디아스포라 유대인들이 사용한 것 으로 70인역(셉투아진타, Septuaginta)이라고 부릅니다. 여기에는 원문 이 원래 그리스어로 된 성서들이 다수 포함되어 있었습니다. 그리고 타나크에 들어가지 못한 것들을 합치면 몇 권의 성서가 더 포함되어 있는데, 신약성서에서 언급하는 '성서'라는 단어가 바로 이에 해당합니 다. 그리스도교는 70인역을 사용하였고, 주후 5세기경에 70인역과 신약성서를 라틴어로 번역하여 불가타(Vulgata) 성서를 편찬하였습니 다.

이 전승을 이어받아서 가톨릭교회는 유대교와는 다른 목록의 구약 성서를 사용합니다. 가톨릭 종교개혁기에 열린 트렌트 공의회(1545~ 1563)에서 15권 중 에스드라 상·하와 므낫세의 기도를 제외하여 현재는 12권이 추가되어 있는데, 개신교에서는 이를 외경(Apocrypha, 外經)이 라고 부릅니다. 그래서 70인역을 알렉산드리아 정경이라고 부르고, 타나크를 팔레스타인 정경이라고 불러 구별합니다.

AD 90년 얌니아 종교회의의 주체는 바리새파 유대인들이었습니 다. 바리새파는 로마제국의 지배와 어느 정도 타협하여 유대교의 명맥 을 보존하려던 유대교 분파의 하나입니다. 그들이 당면한 과제는 점차 성장하는 그리스도교를 견제하는 것이었습니다. 신약성서에 나오는 유대인들의 박해가 바울 같은 전도자들을 얼마나 힘들게 만들었는지 이해가 됩니다. 그래서 유대교는 타나크 확정을 서둘러 마쳤던 것입 니다.

주후 135년경 로마제국은 팔레스타인에서 유대인을 추방하는 정책을 사용합니다. 유대교는 성전도 파괴당하였기 때문에 경전 중심의 종교로 전환하였지만, 결국은 고향을 떠나야 했고, 현재는 전 세계에 약 1,400만 명 정도의 유대인이 살고 있다고 합니다. 그들은 타나크와 생활 규정을 담은 미쉬나 그리고 유대교 생활 지혜를 담은 탈무드를 그들의 경전으로 여기고 있습니다.

세계 종교 인구 분포는 대략 그리스도교 25억 명, 이슬람교 19억 명, 힌두교 11억 명 그리고 불교 5억 명 정도라고 합니다. 가톨릭이 12억, 개신교가 6억, 정교회가 3억 그리고 그 나머지 4억여 명 정도는 독립 교인이라고 합니다. 그러니 이슬람교 19억 명의 위세 역시 대단합니다. 이슬람은 모하메드(AD 570~632)를 예언자로 여기는 아랍의 종교로, 꾸란(Quran, 읽기)이 그 경전입니다. 모하메드가 죽은 뒤 그 제자들이 모하메드가 23년간 받은 신의 계시를 모아서 기록한 경전입니다. 분량은 신약성서의 약 80% 정도이고, 모하메드가 어렸을 때부터 들은 유대교 경전과 신약성서의 내용들이 그의 깊은 명상의 내용과 더불어 등장합니다. 그래서 꾸란을 읽으면 구약성서의 내용과 신약성서가 들어있어서 친숙하기도 하고 또 혼란스럽기도 합니다. 상세하게 비교하면 성서와 일치하지 않는 서술도 다수 발견됩니다. 어쨌든 팔레스타인과 로마제국에서 그리 멀지 않은 지역인 아라비아에서 발원한 종교여서 매우 유사한 관점이 등장합니다. 하지만 오늘날 그리스도교권과 이슬람권은 역사뿐만 아니라 여러 가지 정치적인 이유로 인해서 서로 원수가 되어버렸습니다. 하지만 그 경전의 내용들은 평화와 관용을 더 많이 담고 있습니다.

다른 종교의 경전에 비교하여 그리스도교 경전이 독특한 점은 경전 안에 '역사'가 다수 포함되어 있다는 점입니다. 여기서 '역사'란 하나님과 하나님의 백성들 사이에 벌어진 일을 종교적인 관점에서 서술한 기록들입니다. 종교적 계율을 둘러싼 관계의 역사입니다. 일반역사에서 말하는 '사실'(史實)과 섞여 있어서, 당시의 다른 역사에서 확인할 수 있는 내용도 있고 확인할 수 없는 것도 포함되어 있습니다. 하지만 중요한 것은 성서는 생동감이 살아있는 경전이라는 점입니다. 좋은 내용만 기록에 남기거나 계율과 가르침만 전승하는 것이 아니라 살아있는 백성들이 그들의 창조자인 하나님과 어떤 관계로 살아가는지를 그대로 보여준다는 것입니다.

종교개혁자 루터가 가톨릭의 구약성서 목록에서 외경을 제외시켰습니다. 외경은 읽으면 좋은 책이지만, 성서에 포함되기에는 부족하다고 판단하여서 팔레스타인 정경을 선택하였습니다. 왜냐하면 루터가 반대하는 가톨릭 교리 중 상당 부분이 외경에서 나온 것이기 때문이고, 유대교의 경전도 외경을 제외하였기 때문입니다. 하지만 개신교는 팔레스타인 정경 가운데 일부를 상하권으로 분리하였습니다. 그래서 타나크가 24권인데 비하여, 개신교의 구약은 39권으로 표기합니다. 동시에 구약성서 목록의 순서도 다르게 하였습니다. 유대교 경전이 율법서, 예언서, 성문서 순서로 만들어진 것과 달리, 개신교의 구약은 율법서, 역사서, 성문서, 예언서의 순서로 만들어졌습니다.

또한 구약(Old Testament)이라는 이름은 예레미야 31장 31절에 나오는 '새 계약'이라는 말에서 나왔습니다. 계약(berith)은 라틴어로 *testamentum*입니다. 여기서 영어의 Testament가 나왔습니다. 하나님과 이스라엘 백성이 맺은 새 계약의 주인공이 그리스도교인이기 때문에 신약(New Testament)이라고 부르게 되었고, 자연스럽게 유대인의 경전을 구약(Old Testament)이라고 이름 붙인 것입니다. 개신교인은 구약 39권, 신약 27권을 합하여 총 66권으로 된 '성서'를 사용합니다.

2. 신약성서

신약성서는 모두 27권으로 구성되어 있습니다. 그 분류 방법은 복음서, 역사서, 서신서 그리고 묵시록입니다. 복음서는 마태·마가·누가·요한복음 네 권인데, 그중에 마태·마가·누가복음을 공관복음(共觀福音, Synoptic Gospels)이라고 부릅니다. 서로 맥락이 유사한 내용을 공유하고 있다는 의미입니다. 당연히 요한복음은 개성이 뚜렷한 복음서여서 공관복음으로 분류하지 않습니다.

복음서가 기록된 순서는 지금까지 밝혀진 것에 따르면 마가복음(70년경)이 가장 먼저입니다. 마태와 누가는 엇비슷한 시기(80~90년경)에 쓰였는데, 이미 마가복음을 알고 기록한 성서입니다. 그리고 실물로 존재하지는 않지만, 예수의 어록을 모은 자료가 있었던 것이 분명합니다. 학자들은 이 자료를 Q자료라고 부릅니다. 독일어로 Quelle 원전이라는 단어의 첫 글자를 따른 것입니다. 그래서 마태는 Q자료와 마가복음 자료 그리고 마태만 아는 구전들을 가지고 기록했고, 누가 역시 Q자료와 마가복음 그리고 누가만의 자료로 복음서를 집필하였습니다. 이에 비하여 요한복음(90~100년경)에서는 이런 경향이 미미합니다. 그래서 제4복음서라고도 불립니다. 그리고 요한복음은 그리스어를 사용하는 지식인들에게 철학적인 설득력을 보여주는 성서입니다. 그래서 요한복음이 가장 신학적인 복음서이고, 오늘날 현대인들에게 훨씬 잘 이해되는 성서로 사랑받고 있습니다.

신약성서의 내용을 잘 알고 있는 그리스도인들의 경우에 각각의 복음서 내용이 머릿속에 섞여 있는 것을 볼 수 있습니다. 예를 들면 십자가 위에서 말씀하신 예수의 어록을 '가상칠언'(架上七言)이라고 부르는 것입니다. 이것은 네 복음서에서 발췌하여 모은 것입니다. 합쳐 놓으면 외우기는 좋지만, 각각의 복음서가 증거하고 싶었던 핵심이 흐려집니다. 그래서 마태복음이 예수의 족보로 시작하고, 누가복음은 예수의 동정녀 탄생으로 시작하고, 요한복음은 세상이 창조되기 전인 태초에 말씀이 계셨다는 창조의 시대부터 시작하는 저자의 의도를 이해해야 합니다. 반면에 마가복음은 세례요한의 선포와 예수의 세례로 시작합니다.

역사서는 사도행전입니다. 사도들의 행적을 기록했다고 하지만, 대부분 베드로와 바울의 행적입니다. 이 글은 누가복음의 저자와 동일한 저자에 의하여 기록된 것이 분명하기에 누가와 묶어서 '누가문서'라고 부르자는 제안도 있습니다. 그래서 누가복음을 읽고 이어서 사도행전을 읽으면, 자연스럽게 예수 시대와 베드로의 전도 활동 그리고 바울의 선교여행에 대한 상세한 역사를 배우게 됩니다. 그래서 처음의 교회들이 어떤 상황에 처했는지를 이해하게 되고, 처음 전도자들의 희생과 봉사의 정신이 우리의 기억에 깊이 남게 됩니다.

서신서는 21권으로 구성되어 있는 편지 형식의 글을 의미합니다. 저자들이 이 글을 편지의 형태로 전달하였기 때문입니다. 그중 대부분의 서신을 바울이 기록하였습니다. 그래서 신약성서에 대한 바울의 영향력은 지대합니다. 전통적으로 13권이 바울의 저작으로 알려졌습니다. 전도자들이 설립한 그리스도교 공동체 안에 발생하는 갈등이나, 윤리적 해이나, 광신주의의 등장 등등 전도자들이 보기에 심각한 문제를 야기할 만한 일들이 벌어지자, 이를 훈계하려고 써서 보낸 것들이 오늘까지 전해진 것입니다.

바울의 서신들은 로마서, 고린도전·후서, 갈라디아서, 에베소서, 빌립보서, 골로새서, 데살로니가전·후서, 디모데전·후서, 디도서, 빌레몬서인데, 이를 분류하는 방법이 있습니다. 특정한 교회에 보낸 서신 외에 일반적인 교훈을 담아서 여러 교회가 돌려 보도록 쓴 서신을 목회서신(디모데전·후서, 디도서)이라고 부릅니다. 그리고 바울이 로마의 감옥에 갇혀서 안타까운 마음을 담아 쓴 서신을 옥중서신(빌립보서, 빌레몬서, 에베소서, 골로새서)이라고 부릅니다. 그리고 바울서신 중에 제일 주목을 받는 4대 서신이 있는데 로마서, 고린도전서, 고린도후서, 갈라디아서입니다. 물론 바울서신으로 분류된 13개 서신서 중에 바울의 이름을 빌린 제자들의 글이 아니냐는 의심을 받는 서신도 있습니다.

그다음에 일반서신으로 부르는 것이 야고보서, 베드로전·후서,

요한일·이·삼서, 유다서(7권)입니다. 그러면 남는 나머지 한 개의 서신이 히브리서입니다. 바울서신은 대개 수신하는 지역 또는 개인의 이름을 달고 있고, 기타 일반서신은 저자의 이름을 달고 있습니다. 하지만 히브리서는 바울의 글과 매우 비슷한 저술을 하는 다른 사람의 글임이 확인되었습니다. 물론 그렇다고 그 내용이 뒤떨어지는 것을 결코 아닙니다.

신약성서가 기록된 것은 주후 50년경 바울이 데살로니가전서를 쓰면서 시작되었습니다. 그리고 요한문서들과 계시록이 완성된 것은 도미티안 황제의 기독교 박해 때인 AD 95년경이므로 대개의 신약성서의 각 권이 완성된 것은 AD 100년 이전일 것입니다. 하지만 그 당시에 그리스도인들이 사랑한 문서들은 이것들보다 훨씬 많았습니다. 그 이름을 열거하면 야고보복음서, 히브리인들의 복음서, 베드로복음서, 도마복음서, 이집트인들의 복음, 마리아복음, 빌립복음서, 안드레행전, 요한행전, 유다복음서, 베드로행전입니다. 그런데 이것들은 보는 바와 같이 저명한 이름을 차용하여 그 권위를 인정받으려 한 흔적이 강하게 보이는 위작들입니다. 그래서 위경이라고 부릅니다.

오히려 자신의 이름을 밝힌 문서들이 있습니다. 교부문서라고 부르는데, 사도들의 뒤를 이은 사람들이라서 이들을 속사도 시대(post-apostolic age)의 교부 또는 사도교부(apostolic fathers)라고 부르며 그들의 저작을 매우 중요하게 다룹니다. 이그나티우스의 편지, 클레멘트의 서신, 폴리갑의 순교사화, 디다케, 헤르마스의 목자, 바나바의 서신 등등인데, 초대교회의 신앙 상황을 알려주는 중요한 문서들이지만, 신약 정경에는 들어가지 못하였습니다. 그만큼 엄격한 심사 과정을 거쳐서 초대교회는 397년 카르타고 종교회의에 가서야 오늘날의 27권 신약성서 목록을 정경으로 확정하였습니다.

물론 그 이전에 성서 목록이 혼란스러웠던 것은 아닙니다. 1700년대 이탈리아의 역사가인 무라토리(Muratori)라는 사람이 발견한 성서 목록이 있는데, 거기에는 오늘의 27권 가운데 23권의 이름이 나옵니다. 이 문서는 AD 200년경의 문서로 판별되었기 때문에 이미 그때부터 오늘의 성서 목록이 존재했다고 보아도 무난합니다.

네로황제 때(AD 64) 시작된 그리스도교 박해는 AD 300년대까지 지속되었습니다. 박해의 강도에는 차이가 있었지만, 근 250년 동안을 그리스도인은 두려움 속에서 자신의 신앙을 지켰습니다. 그러다 보니 로마제국 전역에 흩어진 그리스도교 교회는 서로 다른 방향으로 발전하기 시작하여서, 이제는 일치된 그리스도교 가르침이 매우 필요한 상황이 되었습니다. 앞으로 우리가 공부하게 될 갈라디아서에서도 바울은 이미 그런 염려 때문에 갈라디아서를 쓴다고 말하고 있습니다. 그래서 예수 그리스도를 증언하는 정경을 확립하는 일은 그리스도교 신앙을 지키는 데 아주 시급한 과제였던 것입니다.

이렇게 성서 목록이 확정될 때까지 교회를 하나 되게 지켜준 것이 신앙고백의 등장입니다. 그리고 동시에 교회의 감독들입니다. AD 325년 튀르키예 지역의 니케아에서 전체 그리스도교 공의회가 처음 열렸습니다. 콘스탄티누스 황제가 313년 그리스도교를 공인해 주고 난 뒤 처음 공식적인 모임을 가진 것입니다. 그때부터 교회는 신약성서 정경

확립을 위해 속도를 냈고, 397년에 확정하게 된 것입니다.

신약성서 속 바울의 서신들은 역사적인 순서에 따라 배열되지 않아서 읽는 이들에게 혼란을 줍니다. 물론 바울 서신서의 저술 순서 자체가 분명하지도 않습니다. 대략 정해보면 데살로니가전서, 갈라디아서, 빌립보서, 빌레몬서, 고린도전서, 고린도후서, 로마서의 순서라고 보면 됩니다. 바울서신은 아마도 그 분량의 순서로 배열을 한 것 같습니다.

하지만 어떤 순서로 성서를 읽던지 우리가 관심을 가져야 할 것은 어떤 사람들에게 어떤 문제로 그런 내용의 편지를 썼는지 역사적인 관심을 가지고 읽어야 서신서들을 제대로 이해할 수 있다는 것입니다. 반면에 복음서를 읽을 때는, 공관복음서가 매우 비슷하지만, 비슷한 책을 세 권이나 성서 목록에 들어오게 한 것은 그 복음서들 사이에 서로 보완할 만한 특징들이 있기 때문이라는 점을 알고 읽어야 합니다. 왜냐하면 그런 차이점들을 통해서 복음이 그 공동체에서 어떤 역할을 하게 되었는지를 이해하는 감동을 얻기 때문입니다.

성서는 성서에 대한 지식을 얻기 위해서 공부하기도 하지만, 더 중요한 것은 성서 속에 등장하는 예수의 가르침들을 통해서 하나님이 약속하신 하나님 나라의 성격을 이해하고, 우리에게 허락하신 영원한 생명의 진정한 의미가 무엇인지 깨닫는 지혜를 얻는 것입니다. 그런 마음을 가지고 갈라디아서를 읽도록 하겠습니다.

1 장
바울과 루터의 갈라디아서

1. 갈라디아서의 이해

제가 갈라디아서를 읽고 이해하는 데 참고한 주석이 있습니다. 벳츠
(Hans Dieter Betz)가 쓴 『갈라디아서』[1]와 루이스 마틴(J. Louis Martyn)

---

1 Hans Dieter Betz, *Galatians: A Commentary on Paul's Letter to the Churches in Galatia. Hermeneia — A critical and historical Commentary on Bible* (Fortress Press 1979), 한국신학연구소 역, 『국제성서주석, 갈라디아』, 1987. 벳츠 교수는 1931년 독일 출생으로 베텔과 마인츠 그리고 케임브리지에서 신학을 공부하였고 마인츠 대학에서 1957년에 신학 박사학위와 교수 자격(Habilitation)을 취득하였으며, 후에 독일 에를랑엔대학에서 명예박사학위를 받았다. 그는 1963년부터 1978년까지 클레어몬트 (Claremont)신학대학에서 가르쳤으며, 그 후에는 시카고대학교에서 가르쳤다. 그가 성서학과 고대기독교사를 전공하였기에, 갈라디아서 주석의 제목에는 비평적 역사적 주석이라는 부제가 붙어있으며, 역사적 관점으로 갈라디아서를 읽는 데 도움이 된다. 필자는 벳츠의 주석의 분류 목차를 대부분 채용하였으며, 약 100페이지 분량의 갈라디아서에 대한 상세한 학문적인 안내를 참조하였다.

이 쓴 『갈라디아서』입니다. 벳츠의 갈라디아서 주석은 그 제목이 암시하듯이 비평적-역사적 주석입니다. 그리고 수많은 갈라디아서 주석 가운데 주목을 받은 책이고 1987년에 우리말로 번역되었습니다. 필자는 벳츠의 갈라디아서 구분법을 사용해서 문단을 나누었습니다. 벳츠는 루터의 갈라디아서 강의를 언급하면서 "갈라디아서의 16세기 판 재창조"라고 말합니다.[2]

두 번째로 참고한 루이스 마틴의 갈라디아서 주석[3]은 벳츠의 책보다 18년 후에 출판된 것으로서 벳츠에 대한 비평적인 영향을 나타내고 있습니다. 쉽게 말하면 벳츠의 책은 역사적인 해설이 충실하며, 마틴의 연구는 새로운 관점과 더불어 오늘의 독자들에게 생각할 거리를 제공합니다.

이 두 권의 주석의 서론에 해당하는 갈라디아서에 관한 정보는 아무런 사전 이해 없이 갈라디아서만 읽어온 그리스도인들에게 많은 질문을 던지고 있습니다. 이제 우리가 공부할 갈라디아서의 이해를 돕기 위하여 그 서론들을 중심으로 핵심적인 내용을 요약해 보겠습니다.

---

2 *Ibid.*, 44.

3 J. Louis Martyn, *Galatians: A New Translation with Introduction and Commentary* (Yale University Press, 1997). 마틴(1925~2015) 교수는 Texas A.&M. 공대에서 전기공학을 전공하고 진로를 신학으로 바꾸어 Andover Newton Theological School에서 공부하고 1957년 예일대학교에서 박사학위를 받았다. Paul Schubert 교수의 지도로 요한복음의 구원론에 관한 박사논문을 썼는데, 그 후 풀브라이트 장학금으로 독일 괴팅엔대학으로 건너가(1957~1958) 요아힘 예레미아스(Joachim Jeremias)와 에른스트 케제만(Ernst Käsemann)의 바울 연구에 크게 영향을 받았다. 이후 Wellesley College를 거쳐서 Union Theological Seminary(NYC)에서 교수하였다.

갈라디아의 교회들이 정확히 어디였는지는 분명하지 않지만, 현대 주석가들은 소아시아 북부의 헬라화된 켈트족의 도시들이라는 데 거의 의견을 모은 듯합니다. 지금도 유사한 지명으로 남아 있는 앙키라(Ankyra), 페시누스(Pessinus) 그리고 타비움(Tavium) 같은 지역입니다. 그러므로 바울이 전도한 갈라디아교회에는 유대인들이 없었다고 보아야 합니다. 그런데 '그리스도인-유대인' 순회 복음 전도자들이 바울 이후에 갈라디아교회에 들어와서 바울이 가르쳐 세운 교리문답 강사(catechetical instructors)들을 밀어내고 교사(the teachers) 역할을 한 것이 문제의 발단이었습니다.4 그때 밀려난 교리문답 강사를 통하여 아마도 마케도니아에 체류하고 있던 바울에게 갈라디아교회의 정황이 상세하게 전달되었을 것입니다.

이 대목에서 루이스 마틴은 흥미로운 제안을 하고 있습니다. 바울이 쓴 갈라디아서에서 바울의 목소리만 듣지 말고 '그 교사들'(the teachers)의 주장을 구별해 보라고 말입니다. 정확하게 드러나지는 않지만, 바울의 복음과 어떤 점에서 다른 복음을 전하고 있는지 이해하면, 바울의 전하는 복음의 근본적인 의미를 더 잘 이해할 수 있을 것입니다.

앞서 '그리스도인-유대인'(Christian-Jewish) 교사들이라는 표현을 썼는데, '유대인-그리스도인'(Jewish-Christian)과 구별되어야 합니다. 마틴은 지금 갈라디아교회에 들어온 '교사들'이 '그리스도인-유대인'이라고 정의합니다. 이들은 '본질적으로 유대교 종파들인 교회'의

---

4 *Ibid.*, 33.

구성원들입니다.[5] 이렇게 이해하면 쉽습니다. 유대인-그리스도인은 방점이 그리스도인에게 있습니다. 이는 유대인 출신 그리스도인이라는 의미로 신앙적 가치를 그리스도에게 우선적으로 두고 있는 경우인데 반하여, 그리스도인-유대인은 유대인으로서의 정체성 지키는 것을 우선하는 사람들입니다. 그래서 '그 교사들'은 유대교의 율법과 할례의 중요성을 설파하면서 많은 추종자를 얻게 되었고, 바울은 이들을 향하여 '다른 복음'을 전한다고 비판하였던 것입니다.

마틴은 갈라디아인에게 보낸 편지의 성격상, 이를 가지고 간 사람들이 교회 공동체 앞에서 큰 소리로 낭독하였을 것이라고 말합니다. 그 청중 가운데는 아직도 바울의 생각을 따르려는 사람들, 바울을 버리고 교사들에게 이미 설득 당한 사람들 그리고 '그 교사들'도 함께 있었을 것이라고 합니다. 그 장면을 상상한다면, 바울의 갈라디아서가 이런 다양한 청중들에게 전달하여야 하는 복잡한 임무를 띤 편지임을 알게 됩니다. 짧지만 단순한 편지가 아니며, 바울은 이 편지 속에서 적어도 세 종류의 청중을 상대해야 하는 어려운 임무를 수행하고 있는 것입니다.

왜냐하면 자신의 추종자들에게는 그들의 수고로움과 칭찬을 전해야 하고, 변절자들에게는 무엇이 그들의 그릇된 판단인지 알려주어야 하고, 교사들에게는 더 이상 갈라디아에서 그들의 말로 다른 복음을 설교할 명분을 갖지 못하게 만들어야 하기 때문입니다.

---

5 *Ibid.*, 190.

갈라디아서가 기록된 시점은 AD 50년 이후부터 약 5년간 중 어느 때일 것입니다. 아마도 데살로니가서 이후에 갈라디아서의 순서로 기록했을 것이 분명합니다. 그리고 가장 나중에 기록된 로마서에서 갈라디아서의 내용들이 다시 발전적으로 등장하고 있습니다. 그래서 갈라디아서 주석서에는 고린도서와 로마서가 보충 자료로 등장하게 되는 것입니다.

마틴의 주장 가운데에 갈라디아서는 "복음을 복음 논증의 형태로 재선포(reproclamation)"하는 것이라는 표현이 있는데, 역사적 정황으로 보아서 매우 합리적인 정의라고 여겨집니다. 그런데 이런 '재선포'라는 용어를 채택한 이유가 '설득'이 아니기 때문이라고 합니다. 설득이라면 청중이 이미 가지고 있는 관념이나 개념을 토대로 설득력 있게 '웅변'을 해야 청중이 동의하게 되는 것인데, 바울은 전혀 그렇게 하지 않았습니다.[6] 왜냐하면 바울의 '선포'는 새로운 것이기 때문입니다. 복음이란 전혀 새로운 것인데, 과거의 방식에 기대어 설명하면 그 내용을 담을 수 없습니다. 이 말은 "새 포도주는 새 부대에"라는 주님의 말씀을 기억나게 합니다.

마틴이 한 말 중에 "이 세계적인 좋은 소식의 새로움이 수사학의 새로움을 초래한다"는 표현이 있습니다.[7] 새로운 소식은 새로운 방식으로 표현해야 한다는 말이고, 이것을 바울이 사용하는 '본문상의 모순'(Textual Contradiction)이라는 양식이라고 정의하며, 그 대표적인

---

6 *Ibid.*, 239.
7 *Ibid.*, 49.

예로 갈라디아 3장 11-12절을 들고 있습니다. 여기 나오는 "의인은 믿음으로 살리라"는 말은 하박국 2장 4절의 인용이고, "율법을 행하는 자는 그 가운데서 살리라"는 말은 레위기 18장 5절의 인용입니다. 이 두 본문은 동일한 것을 말하지 않습니다. 그런데 바울은 서로 대립되고 모순되는 두 군데의 구약을 인용하여 저주하는 율법의 음성과 축복하는 하나님의 음성의 차이를 분명하게 드러냅니다. 십자가 위에서 이 모순은 서로 충돌하다가 승패가 갈린다는 것입니다.

'본문상의 모순'이라는 말을 읽으면서, 저는 루터의 신학방법론 중에 드러내시는 하나님(the revealed God)과 감추어진 하나님(the hidden God)을 "대립적인 외형"(contrary appearance)이라고 표현한 슈타인메츠(Steinmetz)[8]가 생각 났습니다. 스콜라주의 신학은 감추어진 하나님을 이성을 동원해 논증하려는 시도를 합니다. 반면에 루터의 십자가 신학은 십자가에 달리신 그리스도가 하나님께서 자신을 드러내는 방식이라고 대비시킵니다. 결국 루터는 스콜라주의가 말하는 영광의 신학은 패배하고 십자가 신학이 승리한다고 선언합니다.

어쨌든 이런 내용을 담은 바울의 편지가 소실되지 않고 우리 손에 전해졌다는 것이 시사하는 점이 있습니다. 이 편지에 대한 거짓 교사들의 반대에도 불구하고 갈라디아교회 구성원 중에는 바울의 말을 믿는

---

8 David C. Steinmetz, *Luther in Context* (Baker Books, 1995), 27-29. Steinmetz(1936~2015)는 드류대학에서 신학을 전공하고 하버드대학에서 헤이코 오버만(Heiko Oberman)의 지도로 박사학위를 받았고, 랭카스터신학교와 듀크(Duke)대학교 신학부에서 가르쳤다.

사람이 남아 있었다는 것입니다.

2. 루터의 갈라디아서 강의

대부분의 루터에 관한 전기적 서술에서는 아주 간단하게 갈라디아서 강의가 1516~1517년에 진행되었다는 언급만 합니다. 생각해 보면 성서를 읽고 강의를 준비하면서 루터가 느낀 종교 개혁적인 깨달음이 그의 인생을 이끌어 갔는데도 말입니다. 루터는 1513년 30세의 나이에 비텐베르크대학의 교수가 되었습니다. 그는 성서를 가르치는 성서학 교수였습니다.

처음 교수가 되어서 시편(1513~1515), 로마서(1515~1516), 갈라디아서(1516~1517) 그리고 히브리서(1517~1518) 강의를 진행하였습니다. 갈라디아서 강의는 95개 조 면죄부 반박문을 게시한 1517년 여름학기까지였기 때문에, 어쩌면 95개 조 반박문에 깊은 영향을 끼친 성서였을지도 모릅니다.

루터는 평생 성서를 강의하였는데, 2차 시편 강의(1518~1521), 신명기(1523~1524), 소예언서(1524~1525), 전도서(1526), 요한일서·디도서·빌레몬서(1527), 디모데전서(1528), 이사야서(1528~1530), 아가서(1530~1531), 3차 시편 강의(1532~1535), 창세기(1535~1545) 등등이었습니다.9 그중 우리의 관심 대상인 갈라디아서의 경우 1516~1517년에 처음 강의할 때는 제롬과 에라스무스에게 많이 의지하였고,

1523년 두 번째 강의 때는 그들로부터 독립적인 강의를 하였습니다. 루터의 사상이 가장 잘 반영된 것은 1531년에 했던 세 번째 갈라디아서 강의인데, 이 책은 1535년에 가서야 출판되었고, 세 번째로 갈라디아서를 강의하게 된 것은 다시 한번 "믿음으로 의롭게 된다"는 칭의 사상을 강조할 필요성을 느꼈기 때문이었습니다.

어쩌면 루터가 처했던 상황은 바울이 갈라디아교회를 바라보며 갈라디아서를 쓰던 때의 상황과 매우 유사하게 보였을 것입니다. 왜냐하면 로마교회의 교황주의와 스콜라주의 신학자들의 지속적인 공격뿐만 아니라 종교개혁자들로부터 떨어져 나온 라디칼 종교개혁자들의 출현도 루터에게는 만만치 않은 도전이었기 때문입니다.

라디칼 종교개혁자들은 그룹별로 다양한 특징이 있어서, 한편으로는 성서 문자주의를 강하게 주장하기도 하고, 다른 그룹은 성서 문자보다는 성령의 감동을 우선시하기도 하였습니다. 어떤 그룹은 공권력에 무력으로 항거하기도 하고, 반면에 어떤 그룹은 철저한 평화주의를 선택하기도 합니다. 루터와 루터파 종교개혁자들은 이들을 묶어서 열광주의자(Schwärmer)라고 불렀습니다. 후대의 연구자들은 라디칼을 세분화하여 첫째, 아나뱁티스트, 둘째, 성령주의자, 셋째, 이성주의자라고 명명하였습니다. 동시에 이런 구분조차 세분화하여서 무력을 사

---

9 총회교육부 편, 『16세기 종교개혁과 개혁교회의 유산』(한국장로교출판사, 2003), 69. 이 책은 대한예수교장로회(통합) 총회의 요청으로 연구위원회를 구성하여 "개혁신학과 교육 시리즈"로 출판한 첫 번째 책이다. 도서 집필에는 이형기 교수(장신대), 임희국 교수(장신대), 최윤배 교수(장신대), 홍지훈 교수(호남신대)가 참여하였고, 필자는 루터와 멜란히톤 부분을 집필하였다.

용하는 입장과 거부하는 입장도 대비시켰습니다.[10]

믿음으로 의롭게 된다는 칭의론(稱義論)을 중심으로 비교해 본다면, 루터의 눈에 스콜라주의의 칭의는 부족하고, 라디칼의 칭의는 지나치기 때문입니다. 로마교회는 칭의를 형식화했고, 라디칼은 칭의를 너무 엄격하게 규정하였습니다. 이것은 루터가 보기에 모두 '극단적'이었습니다.[11]

갈라디아서 강의가 진행되고 책으로 출판되던 1531~1535년의 시기는 루터의 후배인 멜란히톤(Philipp Melanchthon)이 작성한 루터파 신조 "아우구스부르크 신앙고백"(Confessio Augustana, 1530)이 신성로마제국 황제 카를 5세(Karl V)의 아우구스부르크(Augsburg) 제국회의에서 거부당하여 루터파 내부에서 이에 대응하느라고 매우 시끄러운 시간이었습니다. 동시에 라디칼 종교개혁자들은 나날이 그 영향력

---

10 남병두·홍지훈 공역, 『성령주의와 아나뱁티스트 종교 개혁자들』(두란노 아카데미, 2011), 30-50. 서론 부분과 홍지훈의 역자 서문의 내용을 참조. Radical이라는 말과 Anabaptist라는 말을 우리말로 번역하지 않고 사용하는 이유는 그들의 특성이 번역으로 상실되는 경우가 발생하기도 하고 또 baptism을 세례 또는 침례로 번역할 수 있기 때문이다. 그래서 아나뱁티스트는 재침례파나 재세례파라는 두 개의 번역이 나오게 되어 번역하지 않고, '아나뱁티스트'를 사용한다. '라디칼'은 그동안 '과격파'라고 번역하기도 했고, 보통은 '급진적'이라고 번역했다. 최근에 '근원적'이라는 번역으로 라디칼의 원래 의미인 '뿌리'라는 뜻을 살리려고 시도하였지만, 이것 역시 Radical이라는 의미를 완벽하게 담을 수 없다고 여겨서 필자는 '라디칼'이라고 표기하기로 한다.

11 홍지훈, 『마르틴 루터와 아나뱁티즘』(한들, 2000), 36-37. 필자의 이 책은 1995년 독일 본(Bonn)대학교 신학부에 제출한 신학 박사학위(Dr. Theol.) 논문 "아나뱁티스트의 세례론에 대한 마르틴 루터의 논박"(Luther's Auseinandersetzung mit dem täuferischen Taufverständnis)을 번역한 저술이다. 몇 군데 수정을 거쳤고, 맨 앞에 '서설'을 추가하여 이런 연구를 하게 된 역사를 기술하였다. '서설'을 참고하면 된다.

을 퍼뜨리고 있었으며, 1534년에는 뮌스터(Münster)시에 등장한 혁명적 성령주의자 라디칼 그룹에 의하여 도시가 점령당하고, 심지어 '뮌스터 천년왕국'으로 선포되는 사건이 발생하였습니다. 이런 상황 속에 등장한 루터의 3차 갈라디아서 강의는 1, 2차 강의 때와 다르게 라디칼 개혁자들에 대한 강도 높은 비판을 담고 있습니다.

루터의 1531년 판 갈라디아서 강의가 얼마나 상세한지에 관해서는 루터교의 지원용 박사의 안내를 참고하면 됩니다. 여기서 요약하면 루터는 41차례나 갈라디아서를 강의하였는데, 1장은 6차례, 제2장은 5차례, 제3장은 무려 11차례 그리고 제4장은 6차례나 강의하였습니다. 나머지 14차례가 5-6장에 해당합니다.[12] 본문에서 언급하겠지만, 루터는 바울의 갈라디아서를 이방 크리스천과 유대 크리스천 사이에서 벌어진 갈등 상황을 역사적으로 재구성하는 해석을 한 뒤에는 반드시 로마교회와 라디칼 사이에서 루터교의 위치를 분명하게 정립하려는 목적을 가지고 해석하였습니다. 그래서 문장 하나 또는 단어 하나를 놓고 길고 긴 설명이 이어지기도 합니다.

루터의 1531년 판 갈라디아서 강의는 현재 바이마르『루터 전집』(*Weimarer Ausgabe*, WA) 17권에 포함되어 있습니다. 영어로 번역된『루터 선집』(*Luther's Work*, LW) 26권과 27권에도 번역되었습니다. 하지만 한국어판 12권 분량의『루터 선집』에는 갈라디아서가 포함되어 있지 않았습니다. 이 책에서 사용한 루터의 갈라디아서 번역본은 루터대학

---

12 지원용, "루터의 갈라디아서 강해에 붙이는 소개의 말," 김선회 역,『말틴 루터의 갈라디아서 강해(상)』(루터대학교 출판부, 2003), 11.

교의 김선회 교수의 노고로 나온 것입니다.[13] 이 책은 1531년 판과 더불어 1519년 판을 소개하고 있습니다.

루터의 강의는 완전한 원고를 가지고 한 것이 아닙니다. 그래서 그의 강의는 수강한 제자들이 받아 적은 것으로 전해집니다. 게오르그 뢰러(Georg Rörer, 1492~1557)가 속기법으로 받아 적은 것이 바이마르 판 대본이 된 것입니다.

『루터와 함께 읽는 갈라디아서』는 앞에서 언급한 성서 주석의 도움을 받아 갈라디아서를 해석합니다. 그리고 루터가 자신의 갈라디아서 강의에서는 어떻게 해석하는지 비교할 수 있도록 각주를 달아놓았습니다. 루터 자신의 말은 직접인용으로 표시하였고, 동시에 필자의 해설도 첨부하여 이해를 돕도록 하였습니다.

바울의 갈라디아서와 루터의 강의 사이에는 약 1,500년의 시간적 간극이 있고, 오늘 우리와는 다시 500년의 시차가 있습니다. 갈라디아서를 꼼꼼히 읽으면서 그리고 루터의 강의를 다시 읽고 비교하면서, 문자(Text)는 역시 상황(Context) 가운데서 새롭게 읽히고 해석된다는 확신을 다시 한번 하게 됩니다. 왜 아우구스티누스가 『영과 문자』라는 책을 썼는지, 루터가 그의 책을 왜 좋아하였는지 그리고 현재의 역사가가 과거의 역사를 공부하는 이유가 무엇인지 확인하게 되었습니다.

『루터와 함께 읽는 갈라디아서』를 통해서 성서를 사랑하는 사람들이 자신의 시대에 지혜를 주는 신앙을 회복하였으면 좋겠습니다. 바울

---

13 김선회 역, 『말틴 루터의 갈라디아서 강해(상, 하)』(루터대학교 출판부, 2003).

과 루터와 나의 시대를 혼동하지 않으면서도, 모든 시대를 꿰뚫는 그리
스도의 정신을 찾아서 이제부터 갈라디아서를 함께 읽도록 하겠습
니다.

2 장

갈라디아서 서론과 인사말
(갈 1:1-5)

1. 간단한 서론

갈라디아서는 바울이 쓴 편지글입니다. AD 50~55년 사이에 에베소에서 기록한 것으로 보입니다. 바울의 다른 편지와 비교할 때, 갈라디아서는 특정 교회나 개인의 이름 앞으로 보낸 편지가 아니라 지금의 튀르키예 중부 지역으로 추정되는 갈라디아의 여러 교회에 보낸 점이 독특합니다. 갈라디아 지역은 켈트족이 발칸반도를 지나 마케도니아를 거쳐 들어와 살다가, 로마제국에 정복을 당한 지역입니다. 로마제국은 BC 25년 아우구스투스 황제 때 갈라디아를 속주(Provincia)로 지정하였습니다. 그래서 갈라디아 지역은 그리스(헬라)화되었다가 다시 로마화된 지역입니다.

그래서 교육 수준이나 경제 수준이 비교적 높았습니다. 동시에 이방의 여러 신들이나 악마를 숭배하려 하지 않았고, 유일신 하나님에 관심이 많았던 차에 유대인이나 헬라인이나, 노예나 자유인이나, 남자나 여자 등등의 차별을 없이하는 새로운 종교의 등장은 매우 매력적이었습니다. 그래서 어떤 분들은 바울의 그리스도교 전도를 '계몽'(Enlightenment)에 비유하기도 합니다.

이런 상황의 갈라디아 사람들에게 '그리스도 안에서의 자유'를 설파한 바울의 메시지는 굉장한 울림이 있었을 것입니다. 정치적, 사회적, 문화적, 종교적 해방 선언처럼 들렸을 것이 분명합니다. 하지만 오늘날 갈라디아교회들의 정확한 위치가 어디였는지 정확히 알 수는 없습니다. 사도행전에 나타난 바울의 전도여행지를 중심으로 안디옥, 루스드라, 더베, 이고니온 지역이 아닐까 추정하기도 합니다. 바울은 1차 전도여행 때 교회들을 세웠고, 2차 여행 때 재방문하여 그들의 신앙을 살펴보았습니다. 그러다가 에베소에 머무르는 동안에 갈라디아교회들의 문제점들이 바울의 귀에 들려왔습니다. 그래서 바울은 편지라는 통신수단으로 교회의 문제에 대한 애정 어린 권면을 전달한 것입니다.

이 서신은 바울에 대한 여러 가지 비방에 대한 변증적 성격을 지니고 있습니다. 그래서 갈라디아 교인들은 재판정의 배심원들과 같습니다. 다시 말하면 갈라디아교회의 문제들이란 바울의 가르침에 대한 심각한 공격이 갈라디아 교인들에게 먹혀들어 가고 있다는 것이기 때문에, 바울은 갈라디아 교인들을 향하여 자기 가르침의 정당성을 변호하고 갈라디아교회들을 바울의 편으로 다시 이끌어 들여야 하는 상황에

처했던 것입니다.[1]

이제 갈라디아서 1장부터 읽어가면서 갈라디아교회를 위협하는 이설들의 내용을 살펴보고, 바울이 어떻게 이에 대처하는지 공부하겠습니다. 그리고 갈라디아교회와 비슷한 문제들이 오늘날에도 발생하는지에 관하여도 함께 생각해 보겠습니다. 그러면 지금부터 갈라디아교회를 향하여 여행을 시작하겠습니다.

2. 갈라디아서 1장

인사(1:1-5)

사람들이 시켜서 사도가 된 것도 아니요, 사람이 맡겨서 사도가 된 것도 아니요, 예수 그리스도께서 그리고 그분을 죽은 사람들 가운데서 살리신

---

[1] 종교개혁자 마르틴 루터는 갈라디아서를 여러 차례 반복해서 강의하였다. 그중 1535년에 출판된 강의(1531년)가 완결편인데, 여기서 그는 다음과 같이 바울이 갈라디아서를 쓴 목적을 밝히고 있다. 신앙과 은총, 죄사함 그리고 의(義)에 관한 교리가 이 서신의 논점이라고 본다. 그중 핵심이 '의'이다. 세상에는 다양한 종류의 의가 존재하는데, 바울의 관심은 신앙적 의이고, 그 신앙적 의는 능동적인 의가 아니라 수동적인 의라는 것이다. 다시 말하면 스스로 성취하는 의가 아니라 하나님으로부터 주어지는 의를 받아들인다는 뜻이다. 이것은 본문으로 가면서 좀 더 자세히 설명될 것이다. "이 의는 우리가 가지고 있는 의도 아니며, 우리가 수행하는 의도 아니며, 밖으로부터 받는, 예수 그리스도를 통하여 하나님 아버지가 허락하실 때에 우리가 받아들이는 그리스도의 의 그리고 성령의 의이다." 김선회 옮김, 『말틴 루터의 갈라디아서 강해(상)』 (루터대학교 출판부, 2003), 22.

하나님 아버지께서 임명하심으로써 사도가 된 나 바울이, 나와 함께 있는 모든 믿음의 식구와 더불어 갈라디아에 있는 여러 교회에 이 편지를 씁니다. 우리 아버지 하나님과 주 예수 그리스도께서 내려 주시는 은혜와 평화가 여러분에게 있기를 빕니다. 예수 그리스도께서는 하나님 우리 아버지의 뜻을 따라 우리를 이 악한 세대에서 건져 주시려고, 우리의 죄를 대속하기 위하여 자기 몸을 바치셨습니다. 하나님께 영광이 영원무궁하도록 있기를 빕니다. 아멘(갈 1:1-5).

편지글에는 공통적으로 구성적 특징이 있습니다. 첫째, 편지를 쓴 사람의 이름을 밝히고, 둘째, 이 편지를 받을 사람의 이름을 거명한 다음, 셋째, 축복의 인사말을 전하는 것입니다. 이 편지는 정확하게 이 규칙을 지키고 있습니다. 저자는 바울이고, 수신자는 갈라디아 여러 교회이고, 3-5절에서 긴 축복 인사를 한 후에 아멘으로 인사를 마칩니다. 그런데 바울이 다른 편지에서 했던 인사말과 비교해 보면, 갈라디아서의 인사말이 더 길고 상세합니다. 그러니까 바울은 인사말에서조차 갈라디아교회에 하고 싶은 말이 많았다는 뜻입니다.

자기를 소개하는 대목에서 그는 자신을 '사도가 된 바울'이라고 말합니다. 우리가 알고 있는 열두 사도인 예수 그리스도의 직접 제자 명단에 바울은 포함되지 않습니다.[2] 그런데도 자신을 '사도'라고 부른다는 것

---

2 루터는 바울이 자신의 사도됨을 강조하는 이유가 있다고 말한다. 거짓 교사들이 바울을 폄하하여 그는 예수의 열두 사도도 아니요, 스스로 자의에 따라 복음을 전하는 성직에 들어온 자라고 주장하였기 때문이다. 그래서 바울은 자신의 사도됨은 사람에게서 난

이 좀 이상하지만, 우리가 보통 바울을 '이방인의 사도'라고 부르는 데는 이유가 있습니다. 사도(使徒, 하여금 사, 무리 도)라는 말의 어원은 아포스톨로스(apostolos)인데, 여기서 영어의 apostle이 나왔습니다. 그 의미는 '무엇으로부터(apo) 보내다(stello)'라는 뜻입니다. 그래서 사도란 좁은 의미로 열두 사도를 말하지만, 넓은 의미로 보면 임무를 부여받고 보냄을 받은 '파송된 자'를 뜻하는 말입니다. 그래서 바울은 열두 명의 제자 명단에는 안 들어가지만, 자신이 보냄을 받은 '사도'임을 밝히는 것입니다.3

그런데 바울은 이렇게 길게 말합니다. "나는 사람들이 시켜서도 아니고, 사람이 맡겨서도 아니고, 예수 그리스도와 예수를 죽은 자 가운데서 살리신 하나님 아버지께서 임명하셨다." 그러므로 바울 자신을 파송해서 사도로 삼은 분은 그리스도와 하나님이라는 것입니다.

것이 아니라 예수 그리스도와 하나님으로부터 온 것이라고 말한다. 루터의 『갈라디아서(상)』, 37

3 1535년 출판된 『갈라디아서 강의』(1531년 강의)에서 루터는 갈라디아교회의 정황에 관하여 이렇게 말한다. 예루살렘으로부터 온 거짓 교사들이 바울을 폄하하였을 것이라고 말이다. 바울은 그리스도인 박해자였다가 뒤늦게 회심하여 전도자가 된 사람인데 비하여, 자신들은 예수 그리스도에게 직접 배운 사도들과 아는 사람이라고 주장한다. 또 그들의 사역을 두 눈으로 똑똑히 보았다고 한다. 그리고 구약성서에 나오는 아브라함과 다른 족장들의 혈통적 후손이며, 유대교 바리새주의를 따르는 신앙적인 명망이 높다는 것을 강조하였을 것이라고도 한다. 루터의 논리 전개 속에는 언제나 교황청과 교황주의자들이 자리하고 있다. 중세 1,000년의 오랜 전통과 관습이 켜켜이 쌓여 만들어진 거대한 장벽은 마치 지금 막 시작된 이방인 중심의 갈라디아교회가 맞닥뜨린 유대교 바리새주의의 장벽과 비슷하게 느껴졌을 것이다. 김선회 옮김, 『말틴 루터의 갈라디아서 강해(상)』(루터대학교 출판부, 2003), 33-34.

그런데 그 앞에서 '사람들이 시켜서(apo)'라는 것은 어떤 공동체 단체가 자기를 파송한 것이 아니라는 말입니다. 그 뒤에 '사람이 맡겨서(dia)'라는 것은 예루살렘교회의 대표 지도자인 베드로나 야고보(예수의 동생) 같은 개인이 파송한 것도 아니라는 뜻입니다.4 바울을 사도로 파송한 (apostello) 분은 하나님과 그리스도입니다. 사도는 그래서 보내신 분으로부터 메시지를 가지고 옵니다. 그래서 지금 바울은 갈라디아의 여러 교회에 하나님으로부터 보내심을 받은 메신저로서의 권위를 가지고

---

4 "사람들이 시켜서도 아니고, 사람이 맡겨서도 아니고"라는 새번역은 이해가 잘 되는 번역이다. 개역성서는 "사람들에게서 난 것도 아니요 사람으로 말미암은 것도 아니요"라고 번역하였는데, 원문을 더 직역하였다. apo는 라틴어로는 *ab*이고, 영어로 from이다. dia는 라틴어로 *per*이고, 영어로는 through로 번역된다. 그래서 바울은 자신의 사도직이 *per Christum et Deum*, 즉 그리스도와 하나님을 통하여(맡겨서, 말미암아서)라고 정의하였다.

그런데 루터는 이 대목에서 상당한 분량을 할애하여 자기 시대의 문제점들을 언급하고 '소명'과 연결시킨다. 그리스도를 통하여 직접 소명을 받는 것은 사도들 외에는 더 이상 불가능하다는 것이다. 그래서 루터의 시대에는 당연히 사람을 통하여(맡겨서, 말미암아서) 성직을 수임할 수밖에 없었다. 루터는 그래서 행정 절차에 따르거나 교회법에 따라서 정당하게 소명을 받은 설교자들을 언급하며, 바울은 자신을 오직 그리스도를 통하여 사도가 되었다고 말하지만, 루터 시대의 성직자들은 사람을 통하여 소명을 받았다고 주장하였다.

이 말을 루터가 하는 이유는 그 당시에 교회의 성직 제도 자체를 인정하지 않는 사람들 때문인데, 루터는 그들을 분파주의자들이라고 불렀다. 그런 주장을 하는 이유는 성서의 문자적인 내용을 그대로 추종하기 때문에 사람이 세운 영적 지도자를 인정하지 않고, 하나님으로부터 직접적인 소명을 받아야 한다는 것이다. 그래서 루터는 이제는 하나님의 소명이 그리스도를 직접 통하는 것이 아니라 그 시대의 책임 있는 사람과 권위를 통하여 수여된다고 보았다. 그러므로 루터의 성서 해석은 그 시대적이고 사회적인 해석 방법을 취하고 있다는 것을 알 수 있다. 그렇게 본다면 오늘날에도 우리는 바울의 시대적 의미와 오늘 우리의 시대의 의미를 구별해서 보아야 할 것이다. 『갈라디아서 강해』, 38-39.

편지를 쓰고 있다는 말을 시작하는 것입니다.

수신자는 갈라디아의 여러 교회입니다. 서론에서 잠깐 언급하였듯이 갈라디아의 교회들은 바울의 전도 덕분에 복음을 깨달은 교회입니다. 갈라디아 지역에 살고 있던 헬라 사상을 가진 로마인들에게 그리스도를 통한 자유가 주는 행복을 가르친 바울 덕분에 그들의 정신은 한층 성장할 수 있었습니다. 그런데 갑자기 문제가 발생했습니다. 바울이 가르친 것과 다른 가르침을 전파하는 자들이 등장했기 때문입니다. 아주 다른 말을 한다면 갈라디아교회들이 배척했을 터인데, 그들은 비슷한 말을 하면서도 바울의 말을 뒤틀고 있기 때문에 갈라디아교회 교인들이 혼란스러워하기 시작하였던 것입니다.[5] 유사(類似)하다는 것은 비슷하지만 분명히 다른 것입니다. 특히 진리를 말할 때는 유사품(類似品)을 주의해야 합니다.

어쩌면 바울은 그런 문제를 암시하느라고 다른 편지와 다르게 3절부터 긴 축복의 말을 갈라디아교회에 전하는 것인지도 모릅니다. 보통은 "하나님과 우리 주 예수 그리스도의 은혜와 평화가 여러분에게 있기를

---

5 갈라디아의 여러 교회라고 부르는 바울의 심정에 주목해 보자고 루터는 말한다. 사실 이쯤 되면 갈라디아교회는 이미 거짓 교사들의 꾐에 넘어간 것이다. 그럼에도 이들을 '교회'라고 부르는 것은 마치 로마가톨릭교회도 '교회'라고 부르는 것과 같은 이치다. 비록 로마교회 성직자들이 경건치 못하더라도 로마교회를 거룩하다고 부른다는 것이다. 빌립보교회에 보낸 편지에서 바울이 권면한 것처럼, 비록 교회가 어그러지고 거스르는 세대 가운데 갇혀있다고 해도, 영적 폭군들인 이리와 도둑 떼에게 위협을 당하고 있다고 해도 교회는 교회라고 루터는 말한다. 그래서 비록 갈라디아 교인들이 거짓 교사의 속임수에 미혹 당하였을지라도, 그들에게 하나님의 말씀이 있고 그리스도와 세례가 있다면, 그들은 여전히 교회다.『갈라디아서 강해』, 48-49.

빕니다"라고 하면 될 것인데, 그 뒤에 여러 말을 덧붙였습니다. 우선 '은혜'와 '평화'라는 인사말의 중요성에 관하여 말씀드리고 싶습니다.6

그 당시에 '은혜'라는 말의 의미는 오늘 우리가 생각하는 것과 '유사'합니다. 우리는 오늘날 '은혜'를 하나님의 보호와 돌보심 또는 자비로운 대접 등등으로 생각합니다. "은혜가 넘친다"고 말하면 상대방의 말이나 행동이 나에게 큰 감동을 준다는 의미로 사용되기도 하고, 잘못한 것을 덮어주어서 모두가 다 만족스럽게 되는 상태를 말하기도 합니다.

하지만 바울이 말하는 '은혜'의 핵심은 '악을 이기는 은혜'입니다. '악'은 강합니다. 그 앞에 사람들은 속수무책으로 무릎 꿇기 십상이기 때문입니다. 악의 세력은 힘으로, 때로는 유혹이나 협박으로 상대방을 굴복시키는 힘이 있습니다. 그래서 사람은 악에 지기도 하고 홀리기도 하여 굴복하게 되곤 합니다. 그런데 '은혜'는 '악'보다 강합니다. 악에 굴복한 사람이 악을 버리고 다시 바른길로 돌아설 때 느끼는 감정이 '은혜'이기 때문입니다. 은혜는 악의 포로에서 해방시켜 주는 강한 힘입니다.7

---

6 루터는 은혜와 평화를 "그리스도교 전체를 포함한다"(50)고 한다. 은혜는 죄를 용서하고, 평화는 양심을 잔잔하게 한다. 죄를 이기고 양심을 평화롭게 하는 길을 아는 것은 그리스도인밖에 없다. 그래서 은혜와 평화를 비는 인사는 평범해 보이지만, 결코 평범한 인사가 아니라고 루터는 말한다.

7 루터는 평화는 죄가 먼저 용서되어야 가능한 것이라고 말한다. 왜냐하면 은혜를 통하여 죄사함을 받지 못하면, 율법이 우리의 마음을 계속 고발하여 양심을 꾸짖기에 평화를 누릴 수가 없기 때문이다. 그리고 양심이 느끼는 죄는 순례나 철야 기도나 노동이나 서약 등 어떤 공로로도 지울 수 없다. 오히려 공로로 죄를 지우려고 하면 할수록 죄의식은 더 커지기 때문이다.

평화는 무엇일까요? 보통 '평안'이라고 번역해서 그 의미가 전도되기도 하지만, 평화는 '진정한 평화'를 의미합니다. 거짓 평화가 아니라면, 이 평화는 '죄'의 세력을 이기는 평화가 되어야 합니다. 죄가 승하여 평화를 이루면, 그것은 죄의 세상입니다. 힘이나 무력으로 지배하거나 심지어 폭력과 전쟁으로 정복해서 잠잠하게 만드는 것은 거짓 평화이기 때문입니다.[8] 그래서 "은혜와 평화가 있기를"이라는 축복의 인사는 정말 '의미심장'한 인사입니다.

이제 4절 말씀에서 우린 좀 깊은 묵상을 해야 합니다. 이런 문장입니다. "예수 그리스도는 하나님 아버지의 뜻을 따라, 우리를 이 악한 세대에서 건져 주시려고, 우리의 죄를 대속하기 위하여 자기 몸을 바치셨습니다." 개역성서의 번역도 매끄럽지 않습니다. 하지만 원문과 비교하면 그 본래 의미를 살릴 수 있습니다.

주어는 '그리스도'이고, 동사는 자신을 우리의 죄를 위해 '내어주다'입니다. 그다음에 나오는 말이 "그렇게 함으로써 우리를 오늘의 악의 시대로부터 구하려고"(ἐξαιρέω, ἐξέληται)라는 말입니다. 그런데 그 뒤에 나오는 말이, 이 모든 것이 '우리 아버지 하나님의 뜻을 따라서'입니다.

---

[8] 루터도 오래전에 이와 비슷한 말을 하였다. 평화는 황제와 왕과 군주에게서 오는 평화가 아니라고 말이다(52). 그리고 이 평화는 세상으로부터 오는 것도 아니라고 하였다. 예수님도 당신이 주는 평화는 세상이 주는 것과 같지 않다(요 14:27)고 말씀하였다. 루터는 세상의 평화는 우리가 육신으로 행복하고 평화롭게 살 수 있게 하지만 우리가 고난을 당하고 세상을 떠날 때는 아무것도 돕지 못한다고 한다. 루터는 하나님의 은혜와 평화를 받은 사람은 매우 강해져서 십자가와 평화, 슬픔과 기쁨 모두를 감당할 수 있다고 하면서, 그리스도인이 누리는 평화의 성격을 분명하게 제시하고 있다.

그래서 다시 번역하면 다음과 같이 됩니다. "그는(그리스도는) 우리 아버지 하나님의 뜻을 따라, 우리 죄를 위하여 자기 자신을 내어주셨습니다. 그렇게 함으로써 우리를 오늘의 악의 시대에서 구하려는 것입니다." 이렇게 하니 훨씬 부드럽지요. 요즘에 다양한 해설이 있어서 가능한 일입니다.[9]

사실 원문에는 '대속'이라는 말은 없습니다. 하지만 '우리 죄를 위하여'라는 말속에 포함된다고 생각하여 넣은 것입니다. 죄는 우리가 지었는데, 그 죄를 위해서 자신을 내어주셨으니, 대신 죄 갚음을 한 것이라는 의미입니다. 이 모든 일은 사실 하나님 아버지의 뜻에 따른 것이라는 말속에 하나님께 영광을 돌려야 하는 이유가 담겨 있습니다.[10]

마지막에 하나님께 영광을 돌리는 바울의 영광송(doxology) 안에 모든 그리스도인의 감사가 담겨 있습니다. 그리고 우리가 반드시 기억해야 할 것이 있습니다. 죄를 위하여 예수가 자기를 내어준 것의 결과가 중요합니다. 위의 성서 어디에도 "우리의 죄가 용서되었다"는 결론은

---

9 루터의 시대에 로마교회는 고해로 죄를 고백하는 사람에게 보속(補贖)의 행위를 할 것을 명령하였다. 즉, 죗값을 치르고 사면을 선언하는 것이다. 그래서 루터는 이렇게 반문하였다. 그렇다면 예수 그리스도는 우리의 죄를 위하여 자신의 몸을 내어줄 필요가 있었느냐고 말이다. 당시의 교회는 죄를 가벼운 잘못으로만 여기고 있다는 말도 하였다. 그러면서 그 죄의 행동들 뒤에 숨어 있는 죄성이 얼마나 크고 강한지 모르고 보속의 행위로 죄를 사하려고 한다고 통탄해 마지않는다(60).

10 자신의 죄의 위력과 크기를 실감하지 못하는 이유는 인간이 가진 이성 때문이라고 루터는 말한다. 자기의 판단으로 이 정도의 죄는 이런저런 행동으로 값을 치를 수 있다고 착각하기 때문이다. 그래서 그리스도인은 우리의 죄를 위하여 자신의 몸을 내어주신 예수 그리스도라는 말의 깊이와 넓이와 무게를 반드시 느껴야 한다(66-67).

나오지 않습니다. 오히려 그 결과는 "오늘 우리가 악의 시대에서 구출되었다"고 합니다.

예수께서 우리 죄를 위하여 자기의 몸을 내어주시고 십자가에 달려 죽음을 선택한 것은 악한 세력의 지배에서 우리를 해방시키기 위함이라는 말입니다. 그래서 그리스도인은 예수 그리스도의 죽으심을 힘입어 악한 세력으로부터 독립하여야 합니다. 악한 세력과 함께 어떤 일도 도모해서는 안 됩니다.[11]

갈라디아서는 그리스도인이 어떻게 악한 세력의 위협으로부터 자신을 지켜 하나님의 거룩하심 앞으로 나아갈 수 있는지 이제부터 보여줄 것입니다.

---

11 루터는 "이 악한 세대에 사로잡힌 우리들"이라는 언급이 의미하는 바는, 우리 스스로의 힘으로는 악의 세력으로부터 벗어날 수 없다는 뜻이라고 해석한다. 그래서 그리스도께서 우리를 건지시려고 자신을 내어주셨다는 것이다(71).

3 장
다른 복음은 없다
(갈 1:6-9)

여러분을 [그리스도의] 은혜 안으로 불러주신 분에게서, 여러분이 그렇게도 빨리 떠나 다른 복음으로 넘어가는 데는, 나는 놀라지 않을 수 없습니다. 실제로 다른 복음이 있는 것은 아닙니다. 다만 몇몇 사람이 여러분을 교란시켜서 그리스도의 복음을 왜곡시키려고 하는 것뿐입니다. 그러나 우리들이나, 또는 하늘에서 온 천사일지라도, 우리가 여러분에게 전한 것과 다른 복음을 여러분에게 전한다면, 마땅히 저주를 받아야 합니다. 우리가 전에도 말하였지만, 이제 다시 말합니다. 여러분이 이미 받은 것과 다른 복음을 여러분에게 전하는 사람이 있다면, 그가 누구이든지, 저주를 받아야 마땅합니다(갈 1:6-10).

1. 바울의 놀란 모습

갈라디아서 서두에서 인사를 마친 바울은 '놀랐다'는 말로 편지를
시작합니다. 그런데 놀란 그 이유가 "이토록 빨리 떠나 다른 복음으로
넘어갈 수 있느냐?"는 말속에 다 담겨 있습니다. 그렇습니다. 긴 시간
양육 과정을 거쳐 그리스도인이 되었는데, 거기서 떠나는 것은 어쩌면
순식간일 수도 있습니다.[1]

'떠나다'(μετατίθημι)라는 말은 쉽게 생각하면 단순한 출발이나 여행
처럼 느껴지지만, 원문을 보면 넘어서(meta) 세우다(tithemi)라는 단어
를 쓰는데, 영어 번역으로는 deserting입니다. desert는 사막을 의미
하기도 합니다. 그래서 '가면 안 되는 곳으로 넘어가 버린다'는 강한
뜻이 담긴 말입니다. 심지어 deserting은 '탈영'을 의미하기도 합니다.

그러니 갈라디아 교인들이 지금 대열에서 이탈하고 있는 긴박한
상황이 된 것이지요. 그런데 어디로부터 어디로 그렇게 쉽고 빠르게
넘어가는 것일까요?[2] 그것은 '그리스도의 은혜 안으로 불러 세워주신

---

1 루터는 교회가 약하다고 말한다. 이처럼 쉽게 무너지려고 한다는 말속에는 바울의 속상
 한 심경이 담겨 있다고 본다. 교회는 스스로 강하다고 자만하지 말고, 약하다는 사실을
 인정하며 주의해야 한다는 것이다. 루터는 교인들이 설교를 몇 번 듣고 성서를 몇 장
 읽고 나면, 스스로 대가인 척 행세하며 남을 가르치려 들게 되는데, 이러면 밖에서 들어
 오는 거짓된 가르침 앞에 무너지기 쉽다고 말한다. 정말 우리가 염두에 두어야 하는
 루터의 말이다(79).

2 루터의 생각은 여기서 철저하게 자신의 상황을 반영한다. 로마교회로부터 개혁을 단행
 하여 바른 신앙의 길을 제시한 루터파의 개혁 사상이 지금 공격을 당하고 있기 때문이
 다. 루터파를 향한 공격과 박해가 먼저는 좌로부터 오는 로마교회와 가톨릭 제후들의

것으로부터' 떠나서 '다른 복음을 향하여' 넘어가 버린 것입니다. 그래서 바울은 매우 놀랐던 것입니다.

2. 다른 복음은 없다

다른 복음이라는 말은 원문으로 헤테로 유앙겔리온(εὐαγγέλιον)인데, 헤테로(heteros, ἕτερος)라는 단어는 영어에도 들어와서 heterodox라고 하면 이설(異說)을 말합니다. 그런데 우리가 긍정적으로 사용하는 '서로 다름'을 의미하는 다양성의 뜻이 아니라 원래의 것을 슬쩍 바꾼 유사품을 말합니다. 바울은 다시 말합니다. '다른 복음'은 실제로 존재하는 것은 아니라고 말입니다. 그러니까 '참기름'은 참기름이지, '다른 참기름'이 있다고 말하면 안 되는 것과 같은 이치입니다.

다른 복음을 전하는 어떤 사람들은 첫째, 갈라디아 교인들을 교란시켰습니다. 그리고 둘째, 복음을 왜곡하였습니다. 어떻게 그런 일을 하였는지 그 내용이 궁금합니다. 오늘날에도 유사 기독교들이 등장해서 그리스도인들을 교란하고 유혹하는 일이 벌어지는데, 거기에 빠진 사람들은 무엇이 중요한지도 모른 채 노예와 같은 삶을 삽니다. 최근

것이었다면, 이제 당하는 우로부터의 공격은 루터를 따르다가 떨어져 나가면서 루터의 개혁이 부족하다고 말하는 분파주의자들의 '다른 복음'이라는 것이다. 루터의 생각에는 이 '다른 복음'은 믿음이 아닌 행위들에 초점 맞추어져 있기 때문에, 믿음을 바탕으로 하는 복음을 왜곡하는 것이다(86 참고).

뉴스에 방송된 것처럼, 신체적 자유를 억압당하거나, 노동력 착취를 당하거나, 무지막지한 폭력에 시달리거나, 심지어는 성적 착취를 당하기도 하여 결국 해당 사이비 종교 교주들이 구속 당한 사건들입니다.

실재하지도 않은 것을 "있다"고 전한다면 "누구든지 저주를 받아 마땅하다"는 바울의 표현은 거의 절규에 가깝습니다. 없는 것을 있다고 말하면 사람들이 믿어줄까요? 그런데 사람들은 잘 속아 넘어갑니다. 얼마를 투자하면 원금의 몇 배가 되는 이익이 단숨에 돌아온다는 '판매 시스템'이 마치 잘 굴러갈 것처럼 속이고 유혹하면 사람들은 넘어갑니다. 자기의 욕심에 스스로 속는 것입니다. 허황된 판매와 이익 구조를 설명하면, 그것을 듣는 순간 사람들은 본질이 안 보이고 얻게 될 이익에 눈이 멀어서 그것이 '확실하다'고 믿어버리게 됩니다.

반대의 경우도 있습니다. 현재 당신의 믿음이 잘못되어서 곧 망할 거라는 위협이 먹히는 경우입니다. 아마도 갈라디아교회 교인들에게는 이런 협박이 먹혔던 것 같습니다. 그렇게 겁을 주는 교사들은 갈라디아 교인들에게 바울이 전한 복음보다 '더 탁월한 다른 복음'이 있다고 말한 것입니다.

그 내용은 뒤에 나오겠지만, 바울이 말한 복음의 원조가 예루살렘으로부터 나온 하나님의 율법 전승을 포함한 것이라고 교란하였을 가능성이 높습니다. 하나님께서 친히 모세에게 주신 율법을 예루살렘이 잘 보전하였고, 메시아로부터 인정을 받은 율법을 이방인 크리스천들도 복음 안에 담아야 하는데, 바울은 그 부분을 빼고 전했다는 말로 사람들을 선동한 것입니다.[3]

3. 다른 복음은 있다

상당수의 갈라디아 교인들이 이런 '다른 복음'에 감동을 받았던 것이
분명합니다. 유대인들이 지키던 율법은 하나님의 말씀의 일부이고,
그것을 함께 지키는 것이야말로 더 훌륭한 복음이 될 수 있다고 믿었기
때문입니다. 이것이 거짓 교사들이 갈라디아 교인을 '교란'시킨 내용입
니다.

사도행전 15장 1절에 보면 안디옥으로 찾아온 유대인들이 말하기
를 "만일 너희가 모세의 관례대로 할례를 받지 않으면 구원을 얻을
수 없습니다"라고 할 정도였으니, 두려워하는 마음이 크게 생겼을 것이
고, 그 두려움 사이를 파고든 것이 '다른 복음'이 되었던 것입니다. 실제
로 '교란'이라는 말은 선동하여 흥분시키는 정치 선동적인 언사를 뜻합
니다. 그런데 그런 선동의 목적은 '복음의 왜곡'이었습니다.[4]

여기서 '그리스도의 복음'이라는 바울의 표현이 중요합니다. 왜냐하
면 바울이 복음을 만들어 낸 것이 아니기 때문입니다. 그것은 그리스도

---

3 이 대목에 대한 루터의 강해는 바울을 중상하는 거짓 교사들이 사용하는 방법에 집중하
  고 있다. 그들은 예수 그리스도의 제자들과 가까이 있던 유대적인 입장을 내세우며,
  유대인의 율법을 바울이 무시하고 있다고 비방하여 바울의 권위를 추락시키는 방법을
  쓴다는 것이다. 그런데 루터는 여기서 자신의 중요한 신학적 판단 기준을 제시하고
  있다. 바로 '율법과 복음 구별하기'이다. 율법과 복음을 구별할 줄 모르는 사람은 '신학
  자'가 아니다. 율법은 율법의 역할이 있고, 복음은 그리스도 그 자체이다. 그래서 복음을
  율법으로 대체할 수 없다. 거짓 교사들이 율법을 강요하는 것은 예수 그리스도의 복음
  을 무력화시키는 것과 마찬가지이다(90).
4 루터 역시 사도행전 15장 1절의 구절을 인용하였다(85).

의 복음(Gospel of Christ)인데, 사실 소유격은 동격으로도 해석할 수 있습니다. 그래서 '그리스도라는 복음'이라는 뜻도 됩니다. 그러니까 논점은 그리스도를 전했느냐 아니면 다른 것을 전했느냐 하는 것입니다. 그리스도가 하신 그 일을 그대로 전하지 않는다면, 그것은 사설이라는 뜻입니다.

그리스도는 유대교의 율법주의에 맞서 율법 안에 담긴 하나님의 자비와 사랑을 드러내신 분입니다. 예수는 성전과 제사장 중심의 형식적 표층 종교의 길로 빠져든 유대교와 지도자들을 향해 하나님의 말씀이 담고 있는 신앙의 본질과 정신을 당신의 몸으로 보여주셨습니다. 그런데 이런 그리스도를 다시 율법주의 안으로 끌어들인다면, 이것은 '복음의 왜곡'인 동시에 '그리스도를 왜곡'하는 것입니다.

그러므로 '다른 복음'이란 예수 그리스도의 삶과 사역과 가르침을 다르게 왜곡한 복음을 의미합니다. 그래서 '다른 복음'이란 원래는 있을 수 없는 것이지만, 왜곡된 형태로 우리의 주변을 맴돌고 있기에 실제로 존재합니다.5 이것은 사이비와 이단을 뜻한다고 생각하지만, 사실 인정받는 기독교 교단 내부에서도 이 문제는 여전히 남아 있습니다. 복음의 본질을 지키는 데 있어서 절대로 변하지 않아야 할 본질적인 것과 시대

---

5 '다른 복음'이란, 루터의 강해에 따르면, 은혜를 율법으로 대치한 것을 의미한다. 루터는 율법이 다스리는 곳에 은혜는 없다고 선언한다. 율법은 정죄함이기 때문에 평안을 주지 못한다. 하지만 그리스도인을 구하는 것은 하나님의 은혜뿐이다(90-91). 문제는 율법이 하는 역할과 은혜를 혼동할 때 그리스도의 복음에 변질이 생긴다는 것이다. 이처럼 루터도 바울처럼 율법과 은혜를 예로 들어 그리스도의 복음이 지니고 있는 균형을 설명하고 있다.

와 문화에 따라서 변해야 마땅한 형식적인 것을 구별할 줄 알아야 복음
의 왜곡이 일어나지 않습니다. 그래서 바울이 겪었던 그 시대의 어려움
을 오늘의 우리도 똑같이 겪고 있기 때문에 '다른 복음'에 관한 바울의
교훈은 지금도 유효한 것입니다.

4. 아나테마(ἀνάθεμα, Anathema)

바울은 8절과 9절에서 거듭 단호하게 말합니다. "마땅히 저주를
받아야 합니다!" 원문을 직역하면 "그가 저주받음이 되게 하시오"입니
다. 하지만 '저주'라는 바울의 표현이 우리 마음에 조금 걸립니다. 그렇게
까지 배타적인 표현을 써야만 했을까 하고 말입니다.

'저주'로 번역된 '아나테마'는 아나티테미(ana-tithemi, 무엇 위에 세
우다)라는 동사에서 나왔습니다. 이 단어는 본래 그리스 세계에서 이미
사용하던 단어인데, '평가받기 위해 신 앞에 내세운 인간의 행위'라는
의미를 담고 있습니다. 다시 말하면 그의 행동이 하나님의 심판 앞에
내던져졌다는 것으로, 신은 이것을 받고 복을 주거나 아니면 파괴해
버릴 수 있다는 의미입니다.

이런 그리스 문화의 단어 이해를 염두에 둔다면, 바울이 말하는
'저주'는 자기가 남을 판단하고 저주를 퍼붓는 것이 아니라는 것을 알
수 있습니다. 역시 바울은 하나님의 판단 앞에 겸손한 사람이었습니다.
그들이 한 짓도 그리고 자신이 한 일이라도 모두 다 하나님께서 판단하

시도록 '아나테마'라는 말을 사용하고 있는 것입니다.

　그래서 바울이 하고 싶은 말은 이런 말입니다. "만약 어떤 사람이 너희에게 가짜 복음을 선포하고 있다면, 그는 너희의 공동체에서 제거되어 그를 저주하실 하나님께 넘겨야 한다"고 말입니다. 여기에는 바울과 그 일행이든, 아니면 거룩한 천사라고 하더라도 '이미 전한 그 복음'과 다른 말을 하는 사람은 누구든지 포함됩니다. 그러니 바울의 '저주'는 자신을 포함하고 있어서, 말씀을 전하는 사람도 자기 자신을 돌아보고 반성하기에 안성맞춤인 말씀이 됩니다.

　그리고 복음을 받아들이는 당사자들 편에서도 반드시 기억해야 할 것이 있습니다. 자신들이 이미 받은 복음과 다른 말을 전하는지 살펴보아야 합니다. 예수 그리스도의 복음이 왜곡되지 않으려면, 예수 그리스도의 가르침에 우리는 익숙해야 합니다. 그래야 전해주는 복음이 '다른 복음'인지 판단할 수 있습니다. 오늘날 벌어지는 신앙 세계의 혼란은 전하는 사람과 전달받는 사람 모두에게 책임이 있다는 것을 기억해야 합니다. 성서를 공부하는 이유 가운데 하나는 그런 혼란과 왜곡을 피하고 전해 받은 복음의 본질을 잘 지켜내어 후세에 전하기 위함입니다.

4 장
바울의 과거 이력
(갈 1:10-24)

1. 사람이냐, 하나님이냐(1:10-11)

내가 지금 사람들의 마음을 기쁘게 하려 하고 있습니까? 아니면, 하나님의 마음을 기쁘게 해 드리려 하고 있습니까? 아니면, 사람의 환심을 사려고 하고 있습니까? 내가 아직도 사람의 환심을 사려고 하고 있다면, 나는 그리스도의 종이 아닙니다. 형제자매 여러분, 내가 여러분에게 밝혀드립니다. 내가 전한 복음은 사람에게서 비롯된 것이 아닙니다(갈 1:10-11).

바울은 자신을 '그리스도의 종'이라고 소개합니다. 그렇다면 바울은 지금 자신은 주인이신 그리스도에게만 복종한다고 말하는 것입니다. 그리스도의 종이라면 그리스도 이외의 대상에게 아첨할 이유도 없고 그럴 필요도 없습니다. 그래서 나온 말이 "사람의 마음을 기쁘게 하려고 하지 않았다"는 선언입니다. 마음을 기쁘게 한다는 말은 설득한다는 뜻입니다. 인간이 사용하는 수사적인 설득술을 의미하지요. 말 기술을 이용해서 상대방을 자기의 편으로 끌어들이는 능력입니다. 하지만 바울은 자기는 그러지 않았다고 합니다.[1]

사도교부 가운데 이그나티우스(Ignatius)라는 분이 "로마 교인에게 보낸 서신"을 기록했는데, 3장 3절에서 이렇게 말합니다. "그리스도교 는 설득하는 일이 아니라 위대한 일이다."[2] 그리스 신화에 나오는 신들 은 인간으로부터 선물을 많이 받으면 좋아합니다. 인간은 신의 환심을 산 후에 자기가 받고 싶은 것을 부탁합니다. 선물과 함께 신들을 설득하 여 자기가 원하는 것을 얻어내고야 맙니다.[3] 하지만 성서에 나오는 하나님은 정반대입니다. 제물보다는 순종을 원하는 분입니다. 그래서

---

1 루터는 이 대목에서 다음과 같은 예수의 말씀을 인용하고 있다. "심판을 받았다고 하는 것은, 빛이 세상에 들어왔지만, 사람들이 자기들의 행위가 악하므로, 빛보다 어둠을 더 좋아하였다는 것을 뜻한다"(요 3:19), "세상이 너희를 미워할 수 없다. 그러나 세상은 나를 미워한다. 그것은, 내가 세상을 보고서, 그 하는 일들이 악하다고 증언하기 때문이 다"(요 7:7). 예수도 그리고 바울도 세상과 사람에게 아부하는 말을 하지 않고 세상을 꾸짖으며 복음을 전했던 것처럼, 루터 자신도 군주나 주교 앞에서 담대하게 복음의 진수를 전하고 있다고 증언하고 있다(97-98). 그렇게 하지 않는다면 이것은 스스로에 게 저주하는 꼴이 되기 때문이다.

2 한스 디터 벳츠, 『갈라디아서』, 149.

3 그리스 신화의 내용은 역사의 아버지라고 불리는 헤로도토스의 『역사』에도 등장한다. 페르시아와 그리스 사이의 전쟁의 역사를 스스로 조사하고 탐구하여 기록한 헤로도토 스는 아폴로 신을 잘 섬긴 대가로 운명의 신을 통하여 목숨을 연장받는 왕의 이야기를 기술하기도 하였다. 헤로도토스의 『역사』 속에는 철저한 인과응보의 사상이 자리하고 있다.

바울은 사람의 환심을 사기 위한 말 기술로 전한 것이 아니라 진실하게, 성실하게, 꾸준하게, 분명한 기준을 가지고 그리스도의 복음을 전한 것입니다.[4]

우리도 같은 처지에 있습니다. 말쟁이들이 말로 설득하는 것에 무장 해제 당하기 쉽습니다. 거짓 뉴스가 난무하는데, 믿는 이유는 자기 마음에 들기 때문입니다. 올바른 말은 때로 받아들이기 싫을 때가 있습니다. 그래서 설교도 마찬가지입니다. 듣고 싶은 설교만 귀에 들어오니까요.[5] 그래서 전하는 사람이나 듣는 사람이나 유념할 것이 한 가지 있습니다. 둘 다 모두 그리스도의 종이라는 것을 잊지 말자는 것입니다. 전하는 사람도 자기 말을 하는 것이 아니라 그리스도의 복음을 전하는 것에 충실해야 하고, 듣는 사람도 그 사람의 말재간에 현혹되지 말고 그 속에 그리스도의 복음이 담겨 있는지 분별해야 한다는 것입니다. 그렇게 하면 실수가 없습니다.

바울은 이렇게 말합니다. "내가 전한 복음은 사람에게서 비롯된 것이 아닙니다"라고 말입니다. 그 복음의 출처는 사람에게서 배운 것도,

---

4 "사람의 마음을 기쁘게 하려고 하는가?"라는 질문에 대하여 루터는 "나는 사람을 섬기는가? 아니면 하나님을 섬기는가?"라는 뜻이라고 본다. 군주들과 주교를 기쁘게 하여 안전을 보장받을 뿐만 아니라 재산을 지킬 수도 있을 것이다(99).

5 루터는 자신이 뛰어난 교사로 찬양을 받는 것조차도 멀리하려고 한다고 말한다. 놀라운 말이다. 오늘날 모든 설교자는 청중들이 자신의 설교에 감탄하는 것을 너무 좋아하기 때문이다. 그래서 듣기 좋은 말만 하여 환심을 사려고 한다. 설교가 마치 청중을 야단치는 것처럼 되어서는 안 되지만, 옳은 것을 옳다 하고 그른 것을 그르다고 말하는 예언자의 역할을 해야 하는 것이 마땅하다는 점에서, 루터는 자신이 처한 상황 속에서 얼마나 애쓰고 있는지 우리에게 알려주고 있다(99).

나온 것도 아니라 예수 그리스도께서 '나타나심'으로 받은 것입니다. 개역 성서에서는 '나타나심'을 '계시'라고 번역하였는데, 원문을 보면 아포칼립스(apocalypse)입니다. 뒤에 예수 그리스도가 소유격으로 붙어 있어서, 이것은 예수 그리스도의 계시입니다.

그래서 바울이 전한 복음은 사람으로부터 전해 받은 복음이 아니라 예수 그리스도가 직접 밝히 드러내어 주신 복음이라는 의미입니다. 하지만 동시에 밝히 드러내신 복음은 바로 예수 그리스도 자신입니다. 그래서 예수 그리스도는 이 드러내심의 주체이기도 하고 드러난 대상이기도 합니다. 비록 갈라디아 교인은 바울에게서 복음을 전달받았지만, 그 복음은 바울이 만들어 낸 것도 아니고 다른 사람에게서 전달받은 것도 아닙니다. 그 복음은 예수 그리스도 바로 그분입니다.

여기서 교훈과 계시가 대립합니다. 저는 이렇게 봅니다. 머리로 이해하는 교육과 마음에서 나오는 감동과의 대립이고, 지식과 지혜의 대립이며, 언어와 행동의 대립이라고 말입니다. 그리스도가 마음에 감동되고 지혜와 행동으로 우리를 이끌면, 그것이 바로 오늘 현대인이 이해하는 계시라는 것입니다. 계시를 혼자에게만 전해진 아주 은밀한 신비적인 의미로만 이해한다면 그것은 너무나 구식입니다.

2. 바울의 이력서(1:13-14)

그 복음은, 내가 사람에게서 받은 것도 아니요, 배운 것도 아니요, 예수 그리스도의 나타나심으로 받은 것입니다. 내가 전에 유대교에 있을 적에 한 행위가 어떠하였는가를, 여러분이 이미 들은 줄 압니다. 나는 하나님의 교회를 몹시 박해하였고, 또 아주 없애버리려고 하였습니다. 나는 내 동족 가운데서, 나와 나이가 같은 또래의 많은 사람보다 유대교 신앙에 앞서 있었으며, 내 조상들의 전통을 지키는 일에도 훨씬 더 열성이었습니다(갈 1:12-14).

바울은 자신이 유대교에 몸담고 있었을 때 한 행동은 이미 다 알려진 사실이라고 말합니다. 자신이 과거에 하나님의 교회를 심하게 박해하였다고 직언합니다. 사실 그 이유 때문에 바울을 의심하여 멀리하는 사람들이 많았습니다. 갈라디아교회에 들어온 거짓 교사들도 아마 바울의 과거를 과장해서 폭로하였을 가능성이 높습니다. 그러므로 사람들이 눈으로 직관한 것에 따르면, 바울은 그 어떤 사람들로부터도 복음을 받거나 배운 적이 없다는 점이 분명합니다.

과거에 바울은 새로 등장한 그리스도교를 유대교의 심각한 변종이요 훼방꾼이라고 생각했었기 때문에, 순수한 유대교를 수호하려는 '열심'이 강하게 있었습니다. 그래서 그는 다른 유대인과 비교할 때 유대교 전통과 율법에 대한 지식도 많았기에, 그리스도교를 박해하는 일에 앞장을 섰던 사람입니다.

사도행전 7장에 스데반이라는 예루살렘교회의 지도자가 유대인들에게 돌로 처형 당하는 장면이 나옵니다. 바울이 그 곁에 서 있었는데, 성서는 말합니다. "사울은 *그가 죽임 당함을 마땅히 여기더라*"(행 8:1).

그때까지 바울의 이름은 사울이었습니다. 그 뒤에 사울은 교회를 파괴하고 남의 집에 들어가서 남녀를 끌어다가 옥에 넘겼습니다(행 8:3).

'열성'이 있는 자라는 말의 원어는 첼로테스(ζηλωτὴς)입니다. 유대의 독립을 위해 강경하게 투쟁하는 첼롯당과 같은 의미입니다. 물론 바울은 첼롯당은 아닙니다. 하지만 그들의 열정만큼이나 강하게 유대주의를 수호하려고 했다는 것입니다. 그러던 바울이 어떻게 회심하게 되었는지는 사도행전 9장에 나옵니다. 다마스쿠스 근처에서 예수의 목소리를 듣게 되고 갑자기 눈이 멀게 된 사울은, 예수가 택하여 보낸 아나니아라는 사람의 안수를 받고 다시 보게 됩니다.[6] 그렇게 회심하였

---

[6] 11-12절의 말씀이 갈라디아 1장 전체의 핵심 주제라고 루터는 말한다. 그리고 이 주제가 2장까지 이어진다고도 한다. 바울은 다마스쿠스 도상에서 그리스도의 복음을 설교하도록 하나님의 부름을 받았다는 것은 바로 바울의 이력서에 나타난 증거이다. 그리고 그가 이런 회심과 변화를 하였다는 사실을 가까이에서 본 사람들이 증언하고 있다. 그래서 바울의 가르침은 하나님으로부터 나온 것이고, 사람에 의하여 증언되고 있다(101-103).
그런데 11-12절 말씀을 강해하는 루터는 자신의 종교개혁운동의 역할에 관하여 매우 긴 설명을 남겼다. 마지막에 이쯤 해두자고 말하면서 말이다. 그 내용을 요약해 보면 이런 말이다. 복음을 하나님과 그리스도로부터 직접 받았다는 말의 근본적인 의미는 모든 감사와 영광을 하나님께 돌려야 한다는 것을 의미한다. 그래서 청중의 필요에 따라 이말 저말을 하면 안 된다. 고난을 당하고 있을 때는 은혜의 말씀, 위로, 생명의 복음을 전해야 하는데, 그 고난의 현장에 율법, 분노의 말씀, 슬픔, 사망이 먼저 등장해서 우리 마음속에 소란을 일으키기 시작한다. 그래서 그 사람은 은혜를 찾지 못하고 공포의 수렁에 빠지고 만다. 그렇게 되면 안 된다는 것이다. 이것이 하나님의 복음이 지닌 능력이고, 이것을 전하는 것이 하나님께 모든 영광을 돌리는 것이다. 루터는 자신이 개혁의 길로 들어서면서 용기를 주었던 스승 슈타우피츠(Staupitz)를 언급하였다. 스승의 가르침은 어떤 상황에서도 자기 자신이 아닌 하나님께 영광을 돌리라는 것이었다(105-110).

지만, 사람들은 사울을 믿어주지 않습니다. 나중에 바나바의 천거로 예루살렘교회에 받아들여진 사울은 얼마 후 가이사랴로 피신했다가 다소로 갑니다.

3. 회심이 아니라 선택(1:15-17)

그러나 나를 모태로부터 따로 세우시고 은혜로 불러 주신 [하나님께서], 그 아들을 이방 사람에게 전하게 하시려고, 그를 나에게 기꺼이 나타내 보이셨습니다. 그 때에 나는 사람들과 의논하지 않았고, 또 나보다 먼저 사도가 된 사람들을 만나려고 예루살렘으로 올라가지도 않았습니다. 나는 곧바로 아라비아로 갔다가, 다마스쿠스로 되돌아갔습니다(갈 1:15-17).

바울은 자신의 회심이 다마스쿠스에서 일어났지만, 그것조차 모태에서부터 '따로 세운'(아포리초, ἀφορίζω) 것이라고 합니다. 그 의미는 '구별하다', '선택하다', '확정하다'인데, 개역성서에서는 '택정'(擇定)이라는 단어를 사용하였습니다. 그러므로 바울은 자신의 소명이 사실은 출생 전에 확정된 것이라고 말합니다. 비록 한동안 그리스도를 박해하는 편에 섰던 것은 사실이지만, 바울은 그 과정조차도 모두 다 하나님의 은혜를 통하여 부르심을 받게 된 것이라고 설명합니다. 앞서도 언급했지만 '은혜'라는 단어는 역시 '악의 지배에서 벗어나게 하는 힘'이 분명합니다.7

때가 되었을 때 바울은 자기 속에 들어와 계신 그리스도를 인지하였습니다. 어쩌면 다마스쿠스에서의 경험을 통하여 바울은 예수 그리스도의 포로가 된 것이 분명합니다. 새번역은 "그 아들을 나에게 기꺼이 나타내 보이셨다"고 완곡하게 번역하였지만, 원문의 해석은 '내 안에'(엔 에모이, εν εμοι)라는 말을 매우 중요하게 봅니다. 여기서도 '계시하다'(아포칼립토, ἀποκαλύπτω)라는 단어가 다시 사용됩니다. 내 안에 그리스도가 감동을 일으키신 것입니다.[8]

그런 감동이 일어나게 된 목적이 분명하게 드러나는데, 그것은 이방 사람들에게 하나님의 아들을 전하게 하려는 것입니다. 유대인을 박해하다가 돌아선 바울이라는 로마 시민권자에게 적합한 일입니다. 유대인 출신이니 예수와 같은 민족이고, 그 예수를 박해하던 사람이었다가

---

7 선택을 받았다는 것은 자기의 공로 때문이 아니라는 뜻이다. 루터는 이 문제를 자기 수도사 생활로 설명하였다. 그는 스스로 말하기를, 순결, 가난, 순종, 금식, 철야, 기도 등등으로 살면서 바깥의 불의한 세상과 다르게 살았지만, 자기의 마음속에서는 하나님에 대하여 끝없는 의혹, 의심, 공포, 증오를 양육하고 있었다고 고백하였다. 루터는 이것을 자기의 의라고 부른다. 마치 시궁창과 같다고 하였다. 루터는 수도사로서 자신의 공로에 의지하려는 삶은 매일매일 예수를 십자가에 못 박는 것이었다고 고백한다 (112-113).

8 계시에 대한 루터의 말을 직접 인용해 보자. "이제 만일 복음이 있는 그대로의 하나님의 아들의 계시라면, 확실히 공로를 요구하지 않으며, 사망으로 위협하지 않으며, 양심을 공포에 떨게 하지 않는다. 복음은 다만 율법도 아니요 행위도 아닌 하나님의 아들을 보여준다. 그러나 이것으로 교황주의자들을 간단히 설득시킬 수 없다. 그러므로 그들은 복음의 자선법(慈善法)을 만든다. 그러나 그리스도는 복음의 주제이시다. 복음이 나에게 가르쳐주고 보여주는 것은 순수한 은혜로 나에게 주어지는 신적인 사업이다. 인간의 이성도 지혜도 하나님의 율법까지도 이것을 가르치지 않는다. 그리고 나는 이 선물을 믿음만으로 받는다"(117).

회심하였으니 그 이유를 이방 사람들에게 분명하게 전달하기에 완벽한 사람 아니겠습니까?

그때의 기억을 바울은 이렇게 말합니다.
첫째, 다른 사람들과 의논하지 않았다.
둘째, 먼저 사도가 된 사람들을 만나려고 예루살렘으로 가지도 않았다.
셋째, 아라비아로 갔다가 다마스쿠스로 돌아갔다.

개역성서에는 '혈육과 의논하지 아니하고'라고 번역하였습니다. 그래서 마치 가족을 의미하는 인상을 주는데, 새번역이 맞는 번역입니다. 원문에 나오는 '피와 살'이 의미하는 것은 사람입니다. 바울은 자신 안에 드러내신 그리스도에 대하여 사람들과 의논하지 않을 정도로 그리스도와의 직접성을 강조하고 있는 것입니다. 먼저 사도가 된 사람들을 만나려고 모(母) 교회 예루살렘으로 가지 않았다는 것은, 자신의 사도직을 선배들로부터 확인받으려고 시도하지 않았다는 독립성을 보여줍니다.9 바울은 곧바로 아라비아로 내려갔습니다. 당시 페트라 (Petra)를 수도로 하는 나바테아(요르단) 왕국의 어디쯤이겠지요. 그러고 나서 다시 다마스쿠스로 올라갔는데, 그러는 동안 약 3년이라는

---

9 이 대목에서 루터는 자신들이 전하는 교리가 교황으로부터 받은 것이 아니라고 한다. 성서와 외적 상징은 교황 교회로부터 받았을지 몰라도, 종교개혁자가 가르치는 교리 는 하나님의 선물로 온 것이라는 말이다. 그래서 루터는 자신들에게 전해지는 비난도 알고 있다. 교황과 주교로부터 직접 임명을 받지 않았는데, 교리를 전한다는 비난이다. 바울의 갈라디아서 이 대목을 읽으면서 루터는 자신의 처지를 인식하였던 것이다.

시간이 흘렀습니다.

4. 바울의 독자적인 사역(1:18-24)

삼 년 뒤에 나는 게바를 만나려고 예루살렘으로 올라갔습니다. 나는 그와 함께 보름 동안을 지냈습니다. 그러나 나는 주님의 동생 야고보 밖에는, 사도들 가운데 아무도 만나지 않았습니다(내가 여러분에게 쓰는 이 말은, 하나님 앞에 맹세코 거짓말이 아닙니다!). 그 뒤에 나는 시리아와 길리기아 지방으로 갔습니다. 그래서 나는 유대 지방에 있는 그리스도의 교회들에게 는 얼굴이 알려져 있지 않았습니다. 그들은 다만 "전에 우리를 박해하던 그 사람이, 지금은 그가 전에 없애버리려고 하던 그 믿음을 전한다" 하는 소문을 들을 따름이었습니다. 그래서 그들은 나를 두고 하나님께 줄곧 영광을 돌렸습니다(갈 1:18-24).

두 군데에서 각각 얼마 동안 체류하였었는지는 모르지만, 약 3년 동안 바울은 독자적인 사역을 하였던 것 같습니다. 이 기간의 연대를 대략 정해보면 이렇습니다. 바울이 회심을 하게 된 것은 주후 35년경이고, 주후 35~38년 사이에 아라비아와 다마스쿠스에 체류하였습니다. 주후 38년에 예루살렘에서 베드로를 만나 약 보름 동안 같이 지냈고, 이번에는 곧바로 안디옥으로 가서 48년까지 약 10년간 안디옥교회를 사역의 기지로 삼고 동역자 바나바와 더불어 시리아와 길리기아 주변

선교 활동을 하였습니다.

3년 동안의 아라비아-다마스쿠스 무명 생활도 모자라서 10년 동안 시리아와 길리기아 이방 지역 선교 활동 덕분에, 바울은 여전히 유대 지방의 그리스도 교회에는 과거의 이력만 기억되고 있었습니다. 앞장서서 그리스도의 교회를 박해하던 사울이라는 이름으로 말입니다. 이것이 바울의 이력서입니다. 그런데 그런 기억 덕분에 '반전'이 일어났습니다. "전에 그리스도인을 박해하던 사람이, 자기가 없애버리려고 한 그 믿음을 전한다"(1:22)는 소문이 나기 시작한 것입니다. 없애버리려던 '믿음'을 이제는 스스로 앞장서서 전하고 다닌다는 세간의 평가가 '복음'에 대한 신뢰성을 오히려 높여 준 셈입니다. 그렇게 진실한 사람의 진정한 회심과 변화는 하나님께 영광을 크게 돌리게 하였습니다.[10]

---

10 루터는 이 대목에서 바울의 정직성을 강조한다. 거짓 교사들의 비난처럼 바울은 분명히 유대인으로 유대교의 율법을 충실히 지키던 사람이었다. 그리고 예루살렘으로 가서 사도들과도 만났던 일도 시인하였다. 하지만 바울은 자신이 사도들로부터 복음을 배우지 않았으며, 사도들이 말하는 대로 복음을 가르칠 의무는 없다고 말한다. 루터는 이런 말을 반복하는 바울이 자기 자신이 아니라 교회를 지키기 위함이었다고 설명한다. 훗날 제롬(Jerome, 347~420)이라는 라틴 교부(라틴어 성서 불가타를 번역)가 바울이 베드로에게 15일 동안 배웠다는 말을 남겼는데, 루터는 근거 없는 일이라고 일축한다. 바울의 깊은 신앙과 사상은 누구로부터 단숨에 배워서 만들어진 것이 아니기 때문이다(123-124).

5 장
예루살렘교회와 안디옥교회
(갈 2:1-10)

1. 예루살렘 방문(2:1-2)

그 다음에 십사 년이 지나서, 나는 바나바와 함께 디도를 데리고, 다시 예루살렘으로 올라갔습니다. 내가 거기에 올라간 것은 계시를 따른 것이었습니다. 나는 이방 사람들에게 전하는 복음을 그들에게 설명하고, 유명한 사람들에게는 따로 설명하였습니다. 그것은, 내가 달리고 있는 일이나 지금까지 달린 일이 헛되지 않게 하려고 한 것입니다(갈 2:1-2).

바울이 회심한 지 약 14년이 지났습니다. 14년 세월 동안 바울이 무엇을 하고 지냈는지 알려진 것은 아라비아로 갔다가 다마스쿠스로 돌아가는 데 3년 정도 걸렸고, 나머지 시간은 시리아와 길리기아에 머물렀다는 것뿐입니다. 그래서 그 시간 동안 다마스쿠스에서 경험한 갑작스러운 회심의 의미를 깊이 숙고하고, 예수 그리스도께서 자기에게 끼친 감격스러운 은혜를 어떻게 전해야 할지 고민하였을 것입니다.[1]

성서에 정확하게 기록되지는 않았지만, 그 시간 동안 이방의 지역에서 복음 전도 활동을 하였을 것으로도 추측할 수 있습니다. 그 이유는 2장에서 바울이 다시 계시를 받아서 예루살렘으로 찾아온 이유가 "내가 달리고 있는 일이나, 지금까지 달린 일이 헛되지 않게 하려고 한 것"(2:2)이라고 한 말속에서 드러납니다. 바울은 생각하면서도 '활동'하고 있었습니다.[2]

---

1 루터가 바울의 심경을 요약한 글이 있다. "하나님으로부터 받은 복음에 기초하여 나는 이방인들에게 율법이 아니라 그리스도를 믿는 신앙을 선포하였다. 바나바가 증언할 수 있듯이, 이 믿음의 선포를 통하여 그들은 성령을 받았다. 이로부터 나는 이방인들에게 율법의 짐을 지게 하거나 할례를 받게 하지 말아야 한다는 결론을 내렸다. 그러나 나는, 율법을 지켜야 하며 할례를 받아야 한다는 의무를 느끼는 유대인들의 길에 서서 방해하지 않을 것이다. 그들이 자유하는 양심을 가지고 그리 행하는 한 나는 그들을 반대할 것이 없다. 이것이 내가 유대인들 중에서 가르치고 생활한 방식이다"(132).
2 마르틴 루터는 제2장의 서론 부분에서 길게 설명한다. 루터 자신의 상황이 투영되었는지, 율법과 율법적 관습을 끊어내려는 단호한 바울의 노력을 높이 평가하고 있다. 유대인들이 그리스도를 믿는 신앙을 받아들이고도 제2의 천성이 되어버린 율법적 관습을 버릴 수 없었던 것처럼, 루터 시대의 교황 제도의 전통과 관습을 포기하지 못하는 교황주의자들을 비판한다. 복음의 빛에 의하여 진리가 계시되었는데도, 지금까지 관습에 매여 약함을 안고 살아온 당신의 백성들에게 인내하시고 관용을 베풀어주신 하나님 앞에서 제발 고집부리지 말라고 호소한다(129).

2. 거짓 신도들(2:3-4)

나와 함께 있는 디도는 그리스 사람이지만, 할례를 강요받지 않았습니다.
몰래 들어온 거짓 신도들 때문에 할례를 강요받는 일이 있었던 것입니다.
그들은 우리를 노예로 만들고자 하여, 그리스도 예수 안에서 누리는 우리
의 자유를 엿보려고 몰래 끼어든 자들입니다(갈 2:3-4).

예루살렘에서 바울은 이방인에게 복음 전한 일을 설명하였고, 그때
존경받는 유명한 지도자들을 따로 만났습니다. 그들은 베드로, 야고보,
요한을 말합니다. 회심하자마자 먼저 사도된 사람들을 절대 만나려
하지 않았던 바울이 이제 그들을 만나려고 예루살렘으로 찾아간 것은,
꼭 만나야 할 '필요성'이 생겼기 때문입니다. 그것은 안디옥을 중심으로
진행되는 이방 그리스도인 선교 활동에 대한 일종의 '교통 정리'를 의미
합니다. 그래서 바울은 안디옥교회의 지도자였던 바나바와 더불어 헬
라인 그리스도인 디도를 대동하였습니다.[3]
　바나바(Barnaba)는 예루살렘에도 잘 알려진 키프로스 출신의 유대

---

3 디도는 이방 사람이다. 하지만 바울은 디도에게 할례를 강요하지 않았다. 이것은 예루
살렘 회의의 결과이다. 바울은 할례를 저주하지 않았고, 유대인들에게 그만두라고 강
요하지도 않았다. 그런데 바울이 "할례가 모두에게 필요한 것은 아니다"라고 말했을
때, 이 말을 듣는 유대인들은 바울의 이 말을 저주라고 생각하였다. 그래서 거짓 교사들
이 바울을 그토록 비난한 것이다. 루터는 이 문제를 그 당시 '금식'에 비교하였다. 개혁
자는 금식을 저주스러운 것으로 거부하지 않았지만, 금식을 통해 '죄사함'을 받을 수
없다고 가르쳤다. 이 말을 듣는 교황주의자들은 루터가 선행을 정죄한다고 왜곡하고
선동하였다는 것이다(134-135).

인이었고, 예루살렘에서 그리스도인이 되었습니다. 그는 자기의 땅을 팔아서 헌금할 정도로 충성하였고, 안디옥 선교사로 파송 받아 바울을 만나게 되었고, 바울을 예루살렘교회에 소개한 인물입니다. 사도행전은 그를 사도라고 소개합니다. 아마 바울이 예루살렘교회의 존경받는 지도자를 쉽게 만나려면 바나바의 도움이 필요하였을 것입니다. 그런데 예루살렘에 도착하였을 때 소동이 벌어졌습니다. 비슷한 이야기가 사도행전 15장에도 나오는데, 바리새파 출신 유대 그리스도인들 가운데 몇몇이 "할례를 받고 율법을 지키도록 명령해야 한다"는 주장으로 바울과 바나바에게 달려들었습니다. 그래서 벌어진 토론회가 '예루살렘 공의회'(AD 48/49)입니다.

이런 사람들에 대하여 바울은 '몰래 들어온 거짓 신도들'이라고 비판합니다. 거짓 신도란 '가짜 형제'(Pseudo-Adelphos, ψευδαδέλφος)라는 뜻입니다. 쉽게 말하면 형제인 척한다는 말입니다. 즉, 복음의 본질을 비켜나간 사람들이라는 의미입니다. 이 문제는 갈라디아교회의 현재 상황과 같은 문제이고, 안디옥에서도 그리고 예루살렘에서도 벌어지던 문제였습니다. 그래서 바울은 갈라디아교회에 편지를 써서 예루살렘에서 지도자들과 나눈 대화를 소개하고, 갈라디아교회에 복음의 본질이 무엇인지를 전하려고 하는 것입니다.

거짓 신도들은 엿보기를 수단으로 삼는다고 합니다. 슬그머니 다가와서 형제인 척하면서 허점을 찾아내는 것입니다. 율법도 모르고 할례도 안 받고 그리스도인이 되었다면, 도대체 어떤 윤리적, 도덕적인 규례를 배우고 있냐고 질문하면서 혼란을 야기합니다. 예수 그리스도가 유대인이었다는 말에는 모두 할 말을 잃었을지 모릅니다.

그런데 여기에는 아주 중요한 문제가 숨어 있습니다. 거짓 교사들은 지금 율법과 할례를 '강요'하고 있다는 것입니다.[4] 예수 그리스도는 악한 세대에서 우리를 해방시키려고 자신을 희생하신 분인데, 그를 따르는 그리스도인에게 다시 율법의 멍에를 강요하는 것은 다시 예수를 죽게 만든 유대교 전통의 노예가 되라는 말과 다름이 없다는 것입니다.[5] 그래서 바울은 이 문제를 해결하려고 예루살렘으로 왔습니다.

---

[4] 루터가 중요하게 생각하는 문제가 '강요'이다. 의를 위하여 율법이 반드시 필요한가의 문제는 전체 기독교 교리가 걸린 문제였다. 왜냐하면 할례를 하게 하거나 하지 못하게 강요하면 자발적인 신앙의 자유에 걸림돌이 되기 때문이다. 뒷부분에 나오지만, 루터는 이 대목에서 베드로를 책망한 바울 이야기를 예로 들어서 베드로의 '강요'를 비판하고 있다. 그리고 라틴 신학자 제롬이 이것을 이해하지 못하였다고 해설하였다. 루터의 시대 역시 유대교의 율법 규정들처럼 수많은 기독교 관습 규정들이 강요되었다. 복장 문제, 음식 규정 등등은 죄를 사하거나 은혜를 얻는 일에 도움이 되지 않는다. 그런데 이것을 강제로 하도록 강요한다면, 이는 투쟁의 대상이 된다는 것이다(136-137).

[5] 루터는 교황주의자들과 분파주의자들이 자기들만 복음과 그리스도적 신앙을 선포하고 있다고 주장하지만, 그들은 바울이 말하는 거짓 교사들, 즉 복음을 가장한 거짓이라고 말한다. 루터에 따르면, 스콜라주의 학자들은 그리스도를 믿는 믿음이 구원의 기본이라고 말하지만, 이 믿음은 반드시 '자선에 의하여 형식화'(fides caritate formata)되지 않으면 의롭게 하지 못한다고 말한다는 것이다. 루터는 이런 신앙은 자기 스스로 무엇을 이룩했다는 공로를 붙잡게 하지, 예수 그리스도를 붙잡게 하지 않는다고 한다. 절기를 지키고, 금식을 하고, 교회의 전통을 지키더라도 자유로운 양심으로 하여야 한다는 것이 루터의 주장이었다(141-143).

3. 예루살렘의 반응 (2:5-6)

우리는 그들에게 잠시도 굴복하지 않았습니다. 그것은 복음의 진리가 언제나 여러분과 함께 있게 하려고 한 것입니다. 그 유명하다는 사람들로부터 나는 아무런 제안도 받지 않았습니다. ―그들이 어떤 사람들이든지, 나에게는 아무 상관이 없습니다. 하나님께서는 사람을 겉모양으로 판단하지 않으십니다. ―그 유명한 사람들은 나에게 아무런 제안을 하지 않았습니다 (갈 2:5-6).

바울은 토론하는 내내 한 순간이라도 '굴종'하지 않았습니다. 저는 순종과 굴종을 구분해서 사용해야 한다고 생각하는데, 순종은 자발적인 의미이고, 굴종을 강제적인 의미입니다. 순종은 내면의 전적인 동의가 필요하고, 굴종은 찍어 눌러 굴복시키는 것을 의미합니다. 바울은 달려드는 유대주의자들의 위세에도 당당하게 맞섰고, 존경받는 예루살렘의 유명한 지도자들 앞에서도 자신의 복음 선교 활동을 주눅 들지 않고 설명하였습니다. 그러면서 기록한 말이 "하나님은 사람의 외모를 취하지 않는다"는 말입니다.[6]

---

[6] 흥미로운 것은 루터가 바울의 갈라디아서를 강해하면서 가끔 상상력을 발휘한다는 것이다. 유대교 교사들은 바울에게 "바울아, 이 자유를 최소한 잠시 동안만이라도 포기하여라!"라고 말했을 것이라고 하였다. 참 그럴듯한 추측이다. 하지만 거짓 교사들의 근본적인 주장을 바울이 알고 있었기에 그럴 수 없었다. 마찬가지로 루터의 자기 시대 교황주의자들에 대해서도 '가능한 양보'하겠다고 말한다. 그러나 "그리스도 안에서 얻은 양심의 자유는 포기하지 않겠다"고 선언한다. 사소한 문제들을 필수적인 신앙

외모란 얼굴 같은 겉모습을 의미합니다. 동시에 외모란 그 사람이 걸친 모든 것을 뜻합니다. 보통 깊이 사귀어 보지 않은 채 겉으로 알려진 것으로만 보는 것을 '외모'라고 하면 되겠습니다. 그런데 우리는 대부분 외모 판단을 신뢰할 수밖에 없습니다. 그래서 이력서를 내고 면접을 봅니다. 그 후에 오랜 세월 동안 함께 지내다 보면 그때는 속마음을 다 알게 됩니다. 한눈에 그 사람의 '소유'가 아니라 '존재'를 알아볼 방법은 없는 것일까요?

우리에게 그런 깊이 있는 통찰력은 없어도 할 수 있는 것이 있습니다. 바로 상대방의 소유 앞에 주눅 들지 않고 반드시 해야 할 말을 당당하게 하는 바울 같은 자세를 지니는 것입니다. 그러고 나서 자신이 말한 것을 지키고 사는 것입니다. 굴종이 아닌 순종의 삶을 살려면 그렇습니다.7

그래서 그랬는지, 예루살렘의 유력자들은 바울이 전하는 복음에

형식으로 만들어 강요하고, 만일 굴복하지 않으면 파문과 출교로 위협하는 것에 루터는 항거하였다. 신앙은 자발적 순종에서 나오는 것이며, 강제적 굴종으로는 구원의 길을 걸을 수 없기 때문이다(143-145).

7 필자는 지금 갈라디아서를 해설하고 나서 루터의 강해를 덧붙이는 방식으로 글을 쓰고 있는데, 바로 이 대목에서 필자와 루터의 생각이 같다는 것을 발견하였다. 루터는 인간이 본성적으로 편파성을 가진다고 한다. 그래서 말씀보다는 사람의 외모를 존경하는 본성적 결함을 지녔다고 말한다. 그런데 편파성을 극복하고 보아야 할 것을 볼 수 있는 통찰력을 가진 사람들이 있는데, 그들은 세속적이고 거듭나지 못한 사람들과는 전혀 다른 사람들이다. 그들은 영적인 사람들이고, 말씀과 외모를 구별할 수 있는 사람들이다. 루터는 갈라디아서 강해에서 "피조물 전체는 하나님의 얼굴이요 마스크"라고 말하고 있는데, 마스크가 그 안에 담긴 하나님을 표현한다는 의미이다. 그렇지만 마스크가 하나님 자체는 아니다. 하지만 세상은 이것을 구별할 지혜가 없다.

대하여 어떤 '덧붙임'(제안)도 하지 않았다고 합니다. 이 말의 의미를 살펴보면 이런 뜻입니다. 복음이 유대인뿐만 아니라 이방인에게도 전해져야 한다는 것에 관해서는 양자가 모두 공감하였을 것이 분명합니다. 그러니 바울이 이방인들에게 복음을 전하는 것에 반대할 수 없습니다. 문제는 그 선교의 방식입니다. 그리스도인이 되는 데에 먼저 유대인이 되는 과정을 반드시 거쳐야만 하는가의 문제입니다. 아마 그 당시에 그렇게 결정하였다면 오늘 그리스도교는 존재하지 않았을 것입니다.

이 문제는 바울의 깊은 사상을 담고 있습니다. 그것은 '복음의 보편성'입니다. 누구에게나 제한이 있어서는 안 된다는 생각이 담겨 있는 것이지요. 이런 바울의 넓은 생각이 온 세계에 그리스도의 복음을 전파하는 기초가 되었던 것입니다. 그래서 예루살렘 지도자들이 아무것도 제안하지 않았다고 한 것입니다.

하지만 사도행전에는 약간 다른 표현이 등장합니다. 여러 논의 끝에 베드로가 중재안을 내놓습니다. "우상에게 바친 더러운 음식과 음행과 목매어 죽인 것과 피를 멀리하라"는 편지를 안디옥으로 보내자는 것입니다. 그래서 예루살렘교회는 안디옥으로 사람을 보내기로 결정합니다. 반면에 갈라디아서는 이 문제에 대하여 침묵합니다. 어떤 내용이 사실인지 판단하기 어려울 때는 '저자'의 말을 신뢰하여야 한다는 것이 정설입니다. 그래서 사도행전의 이야기는 바울이 합의한 내용이라기보다는 예루살렘교회의 판단 정도로 보아야 할 것입니다.

4. 무할례자의 사도(2:7-10)

도리어 그들은, 베드로가 할례 받은 사람에게 복음을 전하는 일을 맡은 것과 같이, 내가 할례 받지 않은 사람에게 복음을 전하는 일을 맡은 것을 알게 되었습니다. 그들은, 베드로에게는 할례 받은 사람에게 복음을 전하게 하시려고 사도직을 주신 분이, 나에게는 할례 받지 않은 사람에게 복음을 전하게 하시려고 사도직을 주셨다는 사실을 깨달았습니다. 그래서 기둥으로 인정받는 야고보와 게바와 요한은, 하나님이 나에게 주신 은혜를 인정하고, 나와 바나바에게 오른손을 내밀어서, 친교의 악수를 하였습니다. 그렇게 하여, 우리는 이방 사람에게로 가고, 그들은 할례 받은 사람에게로 가기로 하였습니다. 다만, 그들이 우리에게 바란 것은 가난한 사람을 기억해 달라고 한 것인데, 그것은 바로 내가 마음을 다하여 해 오던 일이었습니다(갈 2:7-10).

복음의 진리를 지켜서 전해주려는 바울의 수고는 결실을 맺었습니다. 복음은 진리 그 자체입니다. 진리는 그리스도입니다. 그러니 거짓 신도들은 진리의 반대편에 서 있습니다. 예루살렘교회는 베드로가 유대인의 사도라면, 바울은 이방인의 사도라는 것을 인정하게 되었습니다. 그래서 바울은 이방인에게 복음을 전하는 역할을 공식적으로 담당하게 되었던 것입니다.

이제 안디옥교회는 예루살렘교회의 하부 조직이 아닙니다. 안디옥교회는 이방 그리스도인들이 주도적으로 사역을 감당하는 이방 그리스도인들의 중심지가 되었습니다. 오히려 안디옥교회는 가난한 예루살렘교회의 구제 활동을 돕기 위하여 구제 헌금을 모아 전달하는 역할도 담당하게 되었습니다.

복음과 진리의 핵심은 어떤 것을 지키는 일로 제한할 수 없습니다. 이런 관계를 '종속 관계'라고 부르는데, 영어로 'if-then'(만일 무엇을 하면, 그러면 이렇게 된다)의 구조는 복음이 아닙니다. 그래서 "만일 할례를 받고 율법을 지키면, 그때야 그리스도인이 되고 구원을 받는다"는 말은 참이 될 수 없습니다.

반대로 하나님께서 하시는 사역은 모두 '은혜'의 차원에서 일어나는 일입니다. 그래서 영어로 'because-therefore' 구조라고 부를 수 있습니다. "하나님께서 너를 사랑하시기 때문에, 그래서 하나님은 은혜를 부어주신다"는 의미가 됩니다.

은혜는 사랑에서 나옵니다. 하나님도 그렇고, 사람들 사이에서도 그렇습니다. 바울은 이제 안디옥교회를 중심으로 이방인 선교에 열심을 내면서, 하나님의 은혜가 얼마나 위대하고 고마운 일인지 증거할 것입니다.

6 장
안디옥교회 사건
(갈 2:11-14)

1. 예루살렘의 지도자 베드로

안디옥교회는 이방 선교의 토대가 되었습니다. 하지만 시리아 전체로 본다면 여전히 유대인 출신 그리스도인이 절대다수입니다. 그래서 안디옥교회에는 아직 이방인 출신 그리스도인이 소수였습니다. 베드로가 안디옥으로 건너온 것은 예루살렘교회의 파송을 받아서 온 것입니다. 베드로가 이 문제와 관련하여 어떤 역할을 하였는지 먼저 소개하겠습니다.

베드로는 사도행전의 주인공 역할을 하였습니다. 그의 오순절 설교(행 2:14-36)는 3,000명의 새로운 신자를 더하게 할 정도로 많은 이들에게 깊은 감동을 주었습니다. 사도행전 10장에 아주 유명한 사건이 등장

하는데, 가이사랴에서 베드로가 이방인 백부장에게 전도하는 내용과
베드로의 환상 체험 이야기입니다. 하늘에서 "잡아먹으라"라는 소리와
함께 내려온 보자기 안에 든 동물들은 율법 규정에 먹지 못하게 규정된
것들이 가득했습니다. 속되고 부정한 것을 절대로 먹지 않겠다는 베드
로에게 하늘에서는 이렇게 말합니다. "하나님이 깨끗하게 하신 것을
속되다고 하지 말라"(행 10:15).

그때 만나게 된 이방인이 고넬료였고, 온 집안이 성령을 체험하고
세례를 받는 역사가 일어났습니다. 얼마 후 베드로가 예루살렘에 돌아
오자 이방인과 함께 음식을 먹은 사실로 추궁당하게 되었고, 베드로는
욥바성에서 기도할 때 겪은 환상 체험을 설명한 후 고넬료의 회심을
전해주었습니다. 이 이야기를 들은 예루살렘의 유대 그리스도인들은
이렇게 말했습니다. "이제 하나님께서는 이방 사람들에게도 회개하여
생명에 이르는 길을 열어 주셨다"(행 11:18).

바울이 바나바와 함께 디도를 데리고 예루살렘 회의에 참석하였을
때 바리새파 출신 유대 그리스도인들 몇몇이 찾아와서 이방인 그리스도
인들도 할례를 행하고 율법을 준수해야 한다고 강요하자 베드로는
중재하였습니다. 어쩌면 베드로는 그 당시 예루살렘교회에서 가장 영
향력 있는 지도자였을 것입니다. 그리고 이방인 선교 활동에서 얻은
강한 체험도 있었기 때문에 바울과 바나바의 설득은 받아들여졌습니
다. 하지만 야고보에 의해서 추가된 조건이 있었는데, 그것은 '더러운
음식'을 피하라는 제안이었습니다(행 15:20).

2. 안디옥의 베드로(2:11-12)

그런데 게바가 안디옥에 왔을 때에 잘못한 일이 있어서, 나는 얼굴을 마주
보고 그를 나무랐습니다. 그것은 게바가, 야고보에게서 몇몇 사람이 오기
전에는 이방 사람들과 함께 음식을 먹다가, 그들이 오니, 할례 받은 사람들
을 두려워하여 그 자리를 떠나 물러난 일입니다(갈 2:11-12).

베드로가 안디옥으로 건너와서 바울과 더불어 동역할 때 발생한
문제가 있었다고 바울은 말합니다. 이방인 출신 그리스도인들과 유대
인 출신 그리스도인들이 함께 모여 식사를 하는 일이 안디옥교회에서는
보편적인 일이었습니다. 초대교회의 공동식사는 성만찬을 나누는 것
의 원형이라는 점에서 이것은 친교를 넘어선 예배의 현장이었다고
할 수도 있습니다. 하지만 유대인들에게는 자기들만의 독특한 음식
준비 규율이 있습니다. 요즘 말로 하면 '코셔'(Kosher) 음식입니다.
눈으로 직접 확인은 못 했지만, 예루살렘의 맥도널드에는 치즈버거
를 팔지 않는다고 합니다. 왜냐하면 치즈버거는 소고기와 소젖으로
만든 치즈를 함께 써야 하기 때문입니다. 이것은 "염소 새끼를 그 어미의
젖으로 삶지 말라"(출 23:19)는 율법 규정 때문이라 합니다. 그러니 이방인
들과 함께 식사할 때 어떤 문제가 발생하였을지 충분히 짐작됩니다.
바울은 이렇게 기록하였습니다. "베드로가 이방 그리스도인들과
함께 음식을 먹다가, 야고보가 보낸 사람들이 들어오자, 할례받은 사람
들을 두려워하여 그 자리를 떠났다"고 말입니다. 마치 이 이야기는

실시간으로 본 것처럼 드라마틱합니다. 이방인들과 함께 유대인들에게는 금지된 음식을 먹다가 들켜버린 것처럼 말입니다.

실상은 그런 급박함이 벌어지지는 않았습니다. 야고보가 사람들을 보낸 것은 이미 베드로가 이방 그리스도인들과 이방인이 준비한 식사를 계속하고 있다는 사실을 알고 경고하기 위하여 사람들을 보낸 것입니다. 앞서 말한 것처럼 예루살렘 회의 때 베드로는 이미 바울의 편을 들었습니다. 회의 결과 할례는 안 받아도 된다고 합의했지만, 야고보는 음식 먹는 문제를 조건으로 남겨두었습니다. 그런데 베드로가 안디옥에서 이방인들과 율법에 어긋난 음식을 먹고 있다니 예루살렘교회는 두고 볼 수가 없었던 것입니다.

만일 베드로가 예루살렘에서 온 사람들을 향하여 "이것이 무슨 문제냐?"라고 항의했다면 바울은 이런 글을 쓰지 않았을 것입니다. 그런데 베드로는 그들의 공격이 두려워서 자리를 떠나버렸습니다. 비겁해서 그랬을까요? 감추고 싶었을까요? 아닙니다. 이미 다 드러난 일이어서 피할 수 없는 일이었습니다. 바울이 베드로를 공개적으로 비난하는 이유가 있습니다. 다음 절을 읽어보면 알 수 있습니다.

3. 바울이 베드로를 책망한 이유(2:13)

나머지 유대 사람들도 그와 함께 위선을 하였고, 마침내는 바나바까지도 그들의 위선에 끌려갔습니다(갈 2:13).

베드로가 자리를 피하자 나머지 유대 사람들도 자리를 피했습니다. 바울은 이것을 '위선'(hypocrisy, ὑπόκρισις)이라고 말합니다. 그런데 동역자였던 바나바도 그 위선에 끌려 들어갔습니다. 그런데 바울은 이 모든 사태에 대하여 다른 사람보다는 베드로에게 비난을 집중합니다.[1] 왜 그럴까요? 베드로의 위선이 모든 문제의 시작이었기 때문입니다. 과거에 보였던 베드로의 태도는 그렇지 않았습니다. 이방인들과의 이방인의 식사가 아무런 문제가 아니었으며, 오히려 하나님이 깨끗하게 하신 것을 더럽다고 하지 말라는 체험을 한 사람인데, 순간의 두려움으로 그 자리를 피한 것이 여태까지 바울의 사역을 무위로 만들었기 때문입니다. 그래서 바울은 화가 났던 것입니다.

이방인 그리스도인들을 세우려던 바울의 안디옥 선교는 여기서 실패를 맛보았습니다. 그렇지 않아도 이방인 그리스도인들이 소수였는데, 그들마저도 설 자리를 잃어버렸습니다. 유대인 율법 규정에 따른 식사를 준비해서 먹어야 한다는 것은 오늘날에도 상상할 수 없는 것입니다.

지금 갈라디아교회에 대한 편지를 쓰고 있는 바울은 갈라디아교회

---

1 루터는 바울이 베드로를 비난하였다는 것을 '믿기 어려운 일'이라고 말한다(166). 왜냐하면 사도 중에서 으뜸가는 베드로를 많은 사람들 앞에서 공격하였기 때문이다. 그래서 어떤 해석자들은 여기서만큼은 바울이 겸손과 겸양을 상실하였다고 비난한다는 것을 루터는 알고 있었다. 하지만 루터의 생각은 전혀 다르다. 아무리 베드로가 높은 지위와 신망을 받고 있다고 하더라도, 신앙의 기본적인 핵심 교리를 왜곡한다면 이것은 당연히 지적되는 것이 마땅하다는 입장이다. 루터가 이런 생각을 하는 이유는 아주 명백한데, 이들이 복음을 버리고 다시 율법으로 돌아간다면 믿음으로 의롭게 된다는 복음적 진리를 훼손하기 때문이다. 이것은 루터에게는 마치 공로주의 신앙으로 인하여 칭의의 교리가 공격당하는 것과 마찬가지라고 느꼈기 때문이다(172-176).

에 대하여 이런 말을 하고 싶은 것입니다. "당신들 이방 그리스도인 교회 역시, 슬그머니 들어온 거짓 교사들의 말을 따라 할례를 받거나, 율법에 따른 음식 규정을 따르게 된다면, 결국 그리스도의 진리의 복음은 설 자리를 잃게 될 것"이라고 말입니다.[2]

4. 베드로에게(2:14)

나는 그들이 복음의 진리를 따라 똑바로 걷지 않는 것을 보고, 모든 사람 앞에서 게바에게 이렇게 말하였습니다. "당신은 유대 사람인데도 유대 사람처럼 살지 않고 이방 사람처럼 살면서, 어찌하여 이방 사람더러 유대 사람이 되라고 강요합니까?"(갈 2:14)

바울은 베드로에게 공개 망신을 주었습니다. "당신은 유대인인데

---

2 이 문제를 루터의 말로 정리해 보자. 루터는 율법과 복음을 혼동하지 말기를 권고하고 있다. 이 문제는 어떤 경우에도 양보하여서는 안 된다고 한다. 사실 루터는 신학이란 율법과 복음을 구별하는 일이라고 말하는데, 만일 이 두 가지를 뒤섞어 버리면 위로받아야 할 때 징벌을 선포하고, 책망받아야 할 때 오히려 칭찬하는 역설적인 일이 벌어지고 만다. 율법은 율법의 기능이 있고, 복음은 복음의 역할이 있기 때문이다(176-177). 루터는 이렇게 말한다. "그러므로 양심은 율법에서 자유로워야 한다. 그러나 육체는 율법을 순종해야 한다"(177). 루터의 시대에 율법은 행위를 의미하였다. 복음은 그리스도를 통해 주신 하나님의 언약을 믿는 것이다. 그런데 교황 교회와 스콜라주의 신학이 율법과 복음, 행위와 믿음을 뒤섞어 버린 것에 대하여 침묵할 수 없는 이유가 바울이 베드로를 향해 해야 할 말을 면전에서 하였기 때문이다. 그래서 오늘날에도 바른 신학과 바른 신앙의 길이 무엇인지 공개적으로 말해야 하는 것이다.

이방 사람처럼 살면서, 이방 사람들에게 유대 사람처럼 살라고 강요합니까?" 여기서 핵심 단어는 '강요'입니다. 하지만 베드로는 대놓고 강요한 적이 없습니다. 그냥 슬쩍 그 자리를 피했을 뿐입니다. 그런데 바울은 그가 '강요'하였다고 비난합니다. 베드로의 잘못은 할례당의 눈치를 본 것뿐입니다. 그런데 베드로 정도 되는 지도자가 진리를 알면서도 자신의 지위를 잃을까 두려워서 '슬쩍 피한' 것 같은 행위가 야기한 연속적인 사건들의 여파는 '강요'나 마찬가지라는 것입니다. 왜냐하면 모든 유대인이 기피하는 공동식사 자리는 무의미하기 때문입니다. 이방인 그리스도인들은 이제부터 유대식 코셔 음식을 준비해야만 유대인 크리스천들과 함께 자리를 마련할 수 있을 것입니다. 이것이 결국 '강요'가 아니고 무엇이겠습니까?

율법 규정을 반드시 지켜야 한다고 확신하는 유대인 그리스도인들을 다르게 불러야 할지도 모릅니다. 그들은 실상 '그리스도인 유대인'이라고 부르는 것이 정확합니다. 그리스도인이 되었지만, 실상은 여전히 유대인이라는 것입니다. 유대인의 민족적 한계를 절대로 벗어나지 못하는 사람들입니다. 자신들만 그렇게 살겠다면 '유대인 그리스도인'이라고 충분히 불러줄 수 있습니다. 하지만 이방인들도 유대교 율법 규정을 반드시 준수해야 한다고 '강요'한다면, 그들은 그리스도인이 되기 이전의 유대인에 머물고 있을 뿐입니다.3

---

3 여기서 우리 역시 생각할 거리가 있다. '그리스도인 한국인'과 '한국인 그리스도인'의 차이가 있을 수 있다는 것이다. 바울의 시대 갈라디아서의 의도는 이방인을 포함하는 그리스도교를 말하고자 함이었다. 우리 역시 우리 민족의 문제 앞에서 예수의 정신이

14절 처음에 바울은 이렇게 말합니다. "나는 그들이 복음의 진리를 따라 똑바로 걷지 않는 것을 보고"라고 말입니다. '똑바로 걷는다'(ὀρθοπ οδέω)는 말이 중요합니다. 우리가 '정통'이라고 부르는 'ortho'라는 말의 어원입니다. 베드로에게 바울이 하고 싶었던 말은 "당신이 똑바로 걸으면, 뒤를 따르는 사람들도 똑바로 걸을 것"이라는 말이었겠지요. "당신이 위선적으로 살면, 그것은 당신만의 문제가 아니라 모든 사람의 심각한 문제가 된다"는 경고를 하고 싶었을 것입니다.[4] 안디옥교회가 이방 선교의 중심지가 될 수 있었는데, 이제 바울은 안디옥을 떠나야만 하였습니다.

바울이 어떤 확신으로 베드로를 책망하였는지, 이제 다음절부터 등장하는 '믿음으로 의롭게 되는 과정'을 살펴보겠습니다.

어떤 방식으로 작용하는지에 따라 서로 다른 입장을 취할 수 있기 때문이다.

4 '똑바로 걷는다'는 것이 참 중요하다고 생각한다. 일생을 똑바로 걷는 사람이 얼마나 될까? 곁길로 잠시 빠진 경험은 없었을까? 루터는 베드로가 바울의 질책을 듣고 다시 제자리로 돌이킨 사람이라고 말한다. 처음 곁길로 빠졌을 때의 차이는 얼마 안 되는 거리지만, 시간이 오래 지나면 바른길과 곁길의 거리는 보이지 않을 만큼 멀어진다. 그런데 문제는 내가 곁길로 빠진 것을 다른 사람이 보고 옳은 길인 줄 착각하고 그 뒤를 따라 바른길을 벗어나는 사람들이 생긴다면, 그것은 참으로 문제가 된다. 그래서 교회는 교회 좋은 쪽으로만 판단하면 안 되고, 그리스도의 가르침을 따라 결정하고 실행해야 하는 것이다. 모두가 다 보고 뒤를 따르기 때문이다.

7 장
잘못된 것을 바로잡기
(갈 2:15-21)

1. 선천적 의인이 있는가(2:15-16)

우리는 본디 유대 사람이요, 이방인 출신의 죄인이 아닙니다. 그러나 사람이, 율법을 행하는 행위로 의롭게 되는 것이 아니라 예수 그리스도를 믿는 믿음으로 의롭게 되는 것임을 알고, 우리도 그리스도 예수를 믿은 것입니다. 그것은, 우리가 율법을 행하는 행위로가 아니라 그리스도를 믿는 믿음으로 의롭다고 하심을 받고자 했던 것입니다. 율법을 행하는 행위로는, 아무도 의롭게 될 수 없기 때문입니다(갈 2:15-16).

'본디'라는 말은 '날 때부터', 즉 '선천적'이라는 의미입니다. 유대인은 선천적으로 의인이고, 반대로 이방인은 죄인이라는 생각이 정통 유대인들의 일반적인 판단입니다. 그 이유는 이방인에게 '하나님의 율법'이 없기 때문입니다. 율법 없이는 의를 성취할 수 없기 때문입니다. 이런 말로 바울이 시작하는 이유가 있습니다. 이 대목에서 갈라디아의 거짓 교사들과 '의로워지는 일'에 대한 격한 논쟁을 벌여야 하기 때문입니다. 여기서 '의로워진다'는 표현은 '잘못된 것을 바로잡는다'는 의미를 근본으로 하고 있습니다. 보통 '의로움'의 반대말이 '불의'니까, 의롭게 된다고 하면 엄청나게 훌륭한 업적을 이룬 줄 착각하게 되지만, '바로잡는다'라고 표현하면, 겨우 비뚤어진 것을 회복하였다는 말이 됩니다.

율법주의가 그렇게 만든 것입니다. 선천적으로 의로운 유대인은 살면서 대다수는 율법을 어길 일만 겪게 됩니다. 반면에 나면서부터 죄인이라고 하는 이방인은 죄인에서부터 벗어나 바른길로 갈 일이 더 많을 것입니다. 그래서 바울은 이 논쟁의 시작을 "우리는 본디 유대 사람이요, 이방인 출신의 죄인이 아닙니다"라는 말로 포문을 연 것입니다.

그런데 실상 바울과 그의 동료들인 그리스도인들은 진리를 깨달았습니다. 그래서 예수를 믿었습니다. 율법을 행하는 행위로가 아니라 "그리스도를 믿는 믿음으로 의롭게 된다"[1] 는 것이 진리였다는 것입니다. 아무 생각 없이 유대인으로 살면서, 제대로 지키지도 못할 율법의

---

1 루터는 선행과 사랑을 가르쳐야 한다는 주장에 전적으로 동의한다. 하지만 우리를 의롭게 하는 것은 하나님이 기뻐하시는 외적인 형식을 따르는 것이 아니라 그리스도 안에 있는 믿음만이 우리를 의롭게 한다는 점을 강조하고 있다. 그리고 선행과 자선을 들이대면서 논점을 흐리지 않기를 원한다. 논점이 의로워지는 방법에 관한 것이라면 '오직 믿음'뿐이기 때문이다(210).

행위의 노예가 되어 불안에 떨면서 참회의 제물이나 바치는 것으로는 잘못된 것을 바로잡지 못한다는 것을 뼈저리게 알게 된 것입니다.

여기서 바울은 율법이 전혀 필요 없다고 주장하는 것이 아닙니다. 율법은 필요합니다. 법이 없다면 무엇을 잘못했는지 알 수 없기 때문입니다. 율법은 그들이 신뢰하는 하나님께서 그 백성들을 다스리는 기준이 되기 때문입니다. 그런데 기록된 율법들 안에도 상황에 따라서 구별되어 실행할 것들이 있습니다.[2]

유대인들 내에서 음식 규정이 중요했던 것은 그 지리적이거나 문화적인 여건이 그러했기 때문입니다. 그 땅을 벗어나면 음식을 먹는 풍습이 달라지게 마련입니다. 그런데 바뀌어도 될 율법 규정들을 반드시 준수해야만 의롭게 된다고 주장한다면, 예수 그리스도께서 굳이 십자가에 달려서 돌아가시고 부활하는 일이 무슨 의미가 있느냐는 반론입니다. 그리고 예수의 죽으심과 부활을 믿는 믿음도 설 자리를 잃게 되는 것입니다.

그러므로 유대인 출신으로 그리스도인이 된 거짓 교사들이 다시

---

2 루터는 율법이 아니라 믿음만이 의롭게 한다는 입장을 분명하게 선언한다(189). 복음서 도처에서 율법주의자들이 예수로부터 망신을 당하는 것들을 예로 들어 말한다. 그 이유는 율법, 할례, 예배는 의롭게 할 수 없는데, 순전히 이 행위들을 실천함으로써 사람이 의로워지고 구원받는다고 주장하기 때문에, 바울은 이를 비판한다는 것이다. 행위를 실천한다는 말은 *ex opere operato*라는 라틴어 문구이다. 직역하면 '행해진 그 행위로 말미암아'라는 뜻인데, 성례전을 받기만 하면 효력이 있다는 의미여서 이를 '사효론'(事效論)이라고 번역하기도 한다. 루터는 이런 예전에 참여하면 자동적으로 의로워진다는 중세 후기의 신학적 왜곡을 참을 수 없었다. 그러니 오늘날에도 올바른 신앙이 어떤 것인지 느끼려면 바울과 루터의 말을 깊이 생각해 봐야 한다.

율법 준수를 들고 나온다면, 그들 자신은 예수 그리스도를 믿는 믿음의 효력을 스스로 부정하는 셈이 되는 것입니다.3 16절에 나오는 '그리스도를 믿는 믿음'이라는 말에는 두 가지 의미가 있습니다. 원문에 따르면 이 대목은 '그리스도의 믿음'(Faith of Christ)이라는 소유격으로 되어 있는데, 목적격적 소유격이어서 '그리스도를 믿는 믿음'으로 번역됩니다. 하지만 원래대로 소유격으로 번역한다면, '그리스도가 가지고 있는 믿음'이라는 뜻도 있습니다. 아마 바울은 두 가지를 다 알고 있었을 것입니다. 그리스도에 대한 믿음이 일종의 '형식'이라면, '그리스도가 가진 믿음'은 그 속에 담긴 '내용'이 될 것입니다.4 그래서 저는 이렇게

---

3 루터는 교황주의자들이 공로를 내세워서 하나님의 은혜를 '강요'하는 것을 참을 수 없었다. 교황주의자들은 하나님의 은혜를 받기 이전 상태에 행한 공로를 '재량공로'(merit of congruity)라고 하고, 은혜를 받은 이후의 공로를 '적정공로'(merit of con-dignity)라고 부른다. 죄의 상태에서 행하는 미사와 자선을 통해 은혜받을 자격을 얻는 것이 재량공로이고, 이미 죄에서 벗어나 은혜를 받은 상태에서 미사와 자선을 하면 적정공로를 받게 된다. 그런데 이 사이에서 하나님은 자유를 상실하고 만다. 재량공로라는 이름 아래 하나님은 사람의 선행을 인정해 주어야 의로우신 분이 되고, 적정공로라는 이름 아래 하나님은 인간이 선행을 한 것에 대한 되갚음을 반드시 해주셔야 하기 때문이다. 루터는 이것을 '적그리스도적 왕국의 신학'이라고 불렀다(192). 이런 생각은 그리스도와 그분의 죽으심을 무용지물로 만들며, 적정공로를 많이 받은 사람이 남긴 공로들이 다른 사람에게 전달 가능하다는 이론을 통하여 면죄부의 효능을 창조해 낸 것이 바로 면죄부 판매의 정당성을 만들어 주기 때문이다.

4 루터는 이 대목에서 '그리스도교의 참된 의미'를 이렇게 요약한다. 첫째, 사람이 먼저 율법을 통하여 자신이 죄인임을 인정하는 단계이다. 그래서 그리스도교로 들어가는 첫 단계는 '회개'라고 한다. 둘째 단계는 죄와 공포 그리고 죽음 앞에서 겸손한 마음으로 그리스도를 향하게 하는 것이다(195-196). 루터는 "그리스도는 믿음의 대상이다 또는 오히려 대상일 뿐 아니라 믿음 자체 안에 현재하시는 분으로 믿음은 그리스도를 붙든다"고 말한다. 우리가 그리스도를 믿는 믿음 안에 그리스도가 계신다는 말은 믿음의

표현하곤 합니다. "그리스도에 대한 믿음이라는 그릇 속에는 반드시 그리스도가 가졌던 바로 그 믿음이 담겨 있어야 한다." 예수 믿는 사람은 누구나 예수가 가졌던 믿음을 알고 믿어야 합니다.

2. 과거로 돌아가지 맙시다(2:17-18)

우리가 그리스도 안에서 의롭다고 하심을 받으려고 하다가, 우리가 죄인으로 드러난다면, 그리스도는 우리로 하여금 죄를 짓게 하시는 분이라는 말입니까? 그럴 수 없습니다. 내가 헐어 버린 것을 다시 세우면, 나는 나 스스로를 범법자로 만드는 것입니다(갈 2:17-18).

갈라디아교회에 슬쩍 들어온 거짓 교사들의 말에 교인들이 흔들리기 시작했습니다. 믿음에 더하여 율법을 지키면 구원이 더 확실하다고 누구나 생각하지 않겠습니까? 그런데 바울은 그렇지 않다고 말합니다. 율법주의가 다시 등장하면, 예수 믿음은 무대 뒤로 퇴장하기 때문입니다. 그렇지 않으면 논리적인 모순이 생깁니다. 과거에 율법만으로 의를 성취할 수 있었는데, 그렇다면 그리스도를 믿는 믿음은 무슨 역할을 하느냐는 궁극적 질문이 등장하는 것입니다. 바울이 고된 선교여행을

내용이 그리스도 자체일 뿐만 아니라 그리스도의 가르침을 의미하는 것이다. 그래서 우리가 오늘날 '예수를 믿는다'고 말할 때는 예수의 가르침을 묵상하고 따른다는 믿음인 것을 잊지 말아야 한다.

다니면서 자기가 믿는 그리스도를 전파했더니, 거짓 교사들은 그들을 모두 유대인의 율법주의로 되돌려 놓고 있는 형국이 되어버린 것입니다. 유대인들조차도 바리새파 아니면 다 지키지도 못하는 율법주의의 굴레는 사람을 의롭게 만드는 것이 아니라 의로워질 가능성조차 막아버리는 역주행일 수밖에 없었습니다. 그렇다면 그리스도가 죄인들을 만들어 버린 꼴이 되지 않겠습니까? 이것은 그리스도를 '죄의 일꾼'으로 만들어 버리는 크나큰 모순이 발생하게 합니다.5

그래서 바울이 말합니다. 이미 헐어 버린 것을 왜 다시 세우려고 하느냐고 말입니다. 자신은 이미 율법의 기능이 죄를 알게 하는 것이라는 것을 깨닫고 율법주의의 장벽을 허물어 버렸는데, 이것을 알면서 다시 과거로 되돌아가는 것은 오히려 더 큰 범죄가 된다는 것입니다.6

---

5 이것은 오늘의 그리스도인이 새겨들어야 하는 말씀이라고 생각한다. 왜냐하면 루터의 시대에 루터도 이 말씀의 진의를 깊이 새겼기 때문이다. 만일 "네가 율법을 행하면 의로워질 것이다. 그러나 율법을 행치 아니하면, 네가 아무리 그리스도를 믿든 너는 의로워지지 않을 것이다"(218)라고 누군가 우리에게 말한다면 어떻게 할까? 우리는 입으로는 그리스도를 믿는다고 고백하지만, 사람을 그의 행위로 판단하면서 "신앙이 좋네, 나쁘네" 하고 평가하는 일을 여전히 하고 있다. 물론 믿음은 눈에 보이지 않고, 행위는 눈에 잘 보이기 때문에 그럴지도 모른다. 하지만 여기서 필자는 믿는 자가 악행을 해도 된다는 말을 하는 것이 아니라 믿는 사람에게 부족해 보이는 선행을 말하고 있다. 비록 선행이 부족하다고 하여도 그것으로 그의 믿음이 없다고 평가할 수는 없다. 다만 그 믿음이 사랑의 행동으로 나타나기를 간절히 바랄 뿐이다.

6 왜냐하면 뒤로 돌아가는 것은 그리스도께서 무익하게 죽으신 것으로 만들기 때문이다 (224). 거짓 교사들의 유혹 때문에 그리스도인이 된 갈라디아 교인들이 스스로 여전히 죄인이라고 믿게 된다면, 결국 그리스도가 죄를 짓게 만드는 분이라는 결론밖에 더 남겠느냐는 것이 바울의 항변이다. 루터는 율법의 합당한 사용과 목표는 '잘난 체하는 사람과 마음 편한 사람들을 죄 되게 만드는 일'이라고 말한다(226). 루터가 여기서 흥미

여기서 중요한 것 한 가지가 있습니다. 율법은 언제나 "무엇 무엇을 하지 말라"고 지시합니다. 그런데 예수는 언제나 "무엇 무엇을 하라"고 가르쳤습니다. 그래서 율법은 하지 말아야 할 것을 알려주는 기능에 머물게 됩니다. 그것조차도 내용에 따라 반드시 그래야 하는 것과 상황에 따라서 달라지는 것들도 섞여 있습니다. 그래서 바울이 헐어 버린 것은 선택을 필수로 만들고, 그 안에 사람의 자유를 가두어 둔 그 장벽이었던 것입니다.

역사가 진보한다는 말을 아실 것입니다. 그런데 역사를 거꾸로 되돌리려는 일들이 가끔 벌어집니다. 만일 거짓 교사들의 주장이 관철되었다면 그리스도교는 이 땅에서 사라졌을 것입니다. 예수의 가르침과 정신은 유대인의 율법주의 안에 가두어 둘 수 없는 자유로운 정신입니다. 그래서 온 세상에 이렇게 퍼져 나간 것입니다.

있는 예를 드는데, 『교부들의 생애』(*Vitae patrum* III, par 161, Patrologia, Series Latina, 73, 793)에 나오는 이야기이다. 한 은둔 수사가 죽음에 직면하여 죽음이 두려운 나머지 3일간 눈을 하늘에 고정시키고 있는 것을 본 제자들이 위로하였다. 스승께서 매우 거룩하게 살아오셨으니 죽음을 두려워할 이유가 전혀 없다고 말이다. 그런데 그 은둔 수사는 이렇게 대답했다고 한다. "나는 참으로 거룩한 삶을 살았다. 그리고 하나님의 계명을 지켰다. 그러나 하나님의 판단은 사람의 판단과 다르다!" 믿음과 은혜 없이는 절망만 남는다는 것이다.

3. 나는 누구인가(2:19-20)

나는 율법과의 관계에서는 율법으로 말미암아 죽어버렸습니다. 그것은 내가 하나님과의 관계 안에서 살려고 하는 것입니다. 나는 그리스도와 함께 십자가에 못 박혔습니다. 이제 살고 있는 것은 내가 아닙니다. 그리스도께서 내 안에서 살고 계십니다. 내가 지금 육신 안에서 살고 있는 삶은, 나를 사랑하셔서 나를 위하여 자기 몸을 내어주신 하나님의 아들을 믿는 믿음 안에서 살아가는 것입니다(갈 2:19-20).

바울은 "나는 죽었다"고 말합니다. 그런데 "율법의 관계에서는 율법으로 말미암아" 죽었다는 표현이 난해합니다. 더구나 그 뒤에 "그것은 내가 하나님과의 관계 안에서 살려고 한다"고 말하니 더욱더 어렵습니다. 만일 이 말을 바리새파 유대인 앞에서 했다면 그들은 들고일어나서 바울을 돌로 치려고 했을지 모릅니다. 왜냐하면 율법은 하나님이 주신 것인데 율법을 버려야 하나님께 대하여 산다고 말하니, 이런 신성모독이 어디에 있겠습니까?

율법에 의하여, 율법에 대하여 죽었다는 말은 "율법 스스로 바울을 율법에서 멀어지도록" 만들었다는 의미입니다. 독일어에 아이들 사이에서 많이 쓰이는 표현 중에 '젤버 슐트'(Selber Schuld!)라는 말이 있는데, '네 잘못!'이라는 뜻으로 우리말로 하면 '쌤통~'쯤 됩니다. 그렇게 될 줄 알았다는 말입니다. 사실 예수를 처형하게 된 것도 율법주의 때문입니다. 그것은 율법주의 자체가 가지고 있는 한계라는 것입니다.

그래서 율법주의와 그리스도 신앙이 여기서 첨예하게 충돌하게 된 것입니다. 율법주의가 하나님이 보내신 아들을 십자가에 처형했는데, 어떻게 율법주의를 선택할 수 있겠습니까?7

율법에 의하여 죽은 '나'는 누구일까요? 바울은 아직 살아있습니다. 그런데 자신이 죽었다는 것은 무엇을 의미할까요? 바울은 스스로 그리스도와 함께 십자가에 못 박혔다고 말합니다. 십자가 죽음이 의미하는 것은 율법주의와 '분리'된 것입니다. 율법이 그리스도 메시아를 처형했기 때문입니다. 그래서 자신도 율법으로 볼 때 죽은 자가 된 것입니다. 그러므로 율법의 행위는 자신이 사는 데 아무런 힘이 없다는 선언을 한 것입니다.

그리스도와 함께 십자가에서 죽었으므로 자신의 생명은 스스로의 힘으로 유지되는 것이 아닙니다. 그리스도가 내 안에 살아계셔서 자기가 살아있다는 고백은 그런 의미를 담고 있습니다. 이 말은 상징어(Metaphor)인데, 자기 삶의 영역이 그리스도의 세력 아래에 있음을 밝히는 것입니다. 바울처럼 "내 안에 그리스도께서 산다"라고 한번 말해보면, 더 이상 설명하지 않아도 그 무게가 어떤 것인지 느낄 수

---

7 바울의 이 말을 루터 역시 난해하다고 말한다. 그리고 이 말대로라면 그 당시의 바울은 '이단 중의 이단'이라고 표현한다. 하지만 "율법에 대하여 죽지 않으면 하나님 곁에 살 수 없다!"고 단호하게 말하는 바울의 역설적인 이 표현을 매우 중요하게 생각한다. 이것을 '율법으로부터의 자유'라고 부를 수 있다. 하지만 바울은 율법을 포기하지도 않았다. 그러므로 구원을 말할 때는 율법에 대하여 죽고 하나님이 약속하신 그리스도와 복음에 대하여 살아야 한다. 하지만 죄의 세력 앞에서는 율법으로 죄를 깨닫고 회개의 길로 걸어가야 한다.

있습니다. 바울이 그 뒤에 다시 설명합니다. "내가 지금 육신 안에서 살고 있는 삶은, 나를 사랑하셔서 나를 위하여 자기 몸을 내어주신 하나님의 아들을 믿는 믿음 안에서 살아가는 것입니다."[8]

4. 바로잡기 (2:21)

나는 하나님의 은혜를 헛되게 하지 않습니다. 의롭다고 하여 주시는 것이 율법으로 되는 것이라면, 그리스도께서는 헛되이 죽으신 것이 됩니다(갈 2:21).

율법은 잘못된 것을 알려줍니다. 하지만 잘못된 것을 바로잡는 것은 믿음이 하는 일입니다. 율법은 사람을 반성하게 하지만, 어쩔 수 없는 상황이 반복되면 좌절에 빠뜨리고 맙니다. 스스로의 힘으로 다시 일어서보려고 발버둥질 쳐도 율법의 굴레에서 빠져나올 수 없습니다. 구약 성서의 율법 내용들을 읽어보면 정말로 좋은 내용이 많습니다. 음식 금지 규정 같은 것들도 유대 팔레스타인 지역이라면 합당하게 받아들일 수 있습니다. 하지만 법은 언제나 상황에 맞추어야 합니다. 물론 하나님

---

8 루터의 말을 인용하자. "의를 생기게 하려고 행하여서는 안 된다. 의롭다 함을 얻었기 때문에 우리는 그것들을 행하여야 한다. 따라서 그 반대가 되어서는 안 된다. 우리가 의롭지 않을 때, 우리가 그것들을 행함으로 의로워지는 것이 아니다. 나무가 열매를 산출한다. 열매가 나무를 산출하는 것이 아니다"(258).

을 따르는 데 필수적인 것들은 반드시 지켜야 할 법이라고 예수는 가르쳤습니다. 율법의 정신은 사라지고 하잘것없는 규정 위반으로 사람들을 좌절하게 만드는 것은 하나님의 뜻이 아닙니다.

신앙의 기본을 바로잡으려고 바울은 갈라디아서를 쓰고 있습니다. 하나님을 믿는 데 가장 근본적인 것은 우리의 인생이 하나님의 은혜 아래 있다는 확신입니다. 그리고 우리를 살리는 것은 죽은 문자가 아니라 살아있는 성령입니다. 문자가 아니라 성령이 우리의 삶을 바로잡아 바로 걷게 인도해 줍니다.

8 장
첫 번째 증명
: 갈라디아 교인의 성령 체험
(갈 3:1-5)

갈라디아서 3장과 4장은 앞서 언급한 명제를 하나하나 증명해 나가는 내용을 담고 있는 핵심 부분입니다. 앞서 언급된 명제는 바로 "사람이 율법을 행하는 행위로 의롭게 되는 것이 아니라 예수 그리스도를 믿는 믿음으로 의롭게 되는 것임을 알고, 우리도 예수 그리스도를 믿은 것입니다"(갈 2:16)라는 말씀 가운데 담겨 있습니다. 보통 우리가 이신칭의(以信稱義, Justification by faith)라고 부르는 명제에 대하여 이제부터 여섯 가지 증명이 하나씩 차례로 등장합니다. 그 첫 부분이 3장 1-5절이며, 내용은 '성령 체험' 증명입니다. 그리고 첫 번째 증명은 다시 다섯 가지 질문으로 구성됩니다. 첫 번째부터 살펴보겠습니다.

1. 질문 1: 누가 여러분을 홀렸습니까(3:1)

어리석은 갈라디아 사람들이여, 예수 그리스도께서 십자가에 못 박히신 모습이 여러분의 눈앞에 선한데, 누가 여러분을 홀렸습니까?(갈 3:1)

갈라디아서 1장 11절에서 바울은 갈라디아 교인들을 "형제자매 여러분"이라고 친근하게 불렀습니다. 그런데 여기서는 그들을 엉뚱하게 "어리석은(아노에토스, ἀνόητος) 갈라디아 사람들이여"라고 부르고 있습니다. 어찌 된 일일까요?[1] 갈라디아 교인들을 어리석다고 한 이유는 그들이 '예수 그리스도의 십자가 사건'을 외면하고 있기 때문입니다. 그렇게 된 이유는 누군가 그들을 홀렸기 때문이 아니냐고 묻고 있는 것입니다.

앞선 강의를 생각해 보면 그 누군가는 슬쩍 들어온 '거짓 교사들'입니다. 그들이 갈라디아 교인들에게 "율법을 지키지 않으면, 구원을 제대로 얻지 못한다"고 가르친 것입니다. 그러고 나서 율법을 준수한다는 증거

---

1 바울이 갈라디아 교인을 향해 "어리석다!"고 한 것은 마치 "얼마나 낮은 층까지 떨어졌느냐, 비참한 갈라디아 사람들아!"라는 말이라고 루터는 해설한다(283-284). 그리스도교의 이해 수준이 과거보다 하락했다는 뜻이다. 루터의 입장에서 볼 때 당시 가톨릭 교회의 신앙 수준은 형식주의와 미신에 사로잡혀 그리스도교의 본질을 상실한 상태였다. 이것은 오늘 우리의 그리스도교 정신 수준이 시간이 흘러감에 따라 높아지지 않고 후퇴할 수도 있다는 말로 들린다. 믿음을 굳게 지킨다는 단순한 생각으로 눈을 감고 귀를 막으면 점점 진보하는 세상에 비해 그리스도인의 수준은 떨어질 수밖에 없다. 한국의 교육 수준이 이렇게 높아졌는데, 그리스도인의 신앙 수준은 왜 이 모양인지 숙고해 볼 일이다.

로 '할례'를 요구하였습니다. 그러므로 십자가에 달리신 그리스도를 잊어버리게2 만들었으니, 무언가에 홀린 것 아닌지 강하게 묻고 있는 것입니다.

어떤 해석을 보면 홀린 것은 '마법에 걸린 것'3이라고 봅니다. 왜냐하면 당시의 이방 사람들은 유대인들이 행하는 할례에 대하여 엄청난 혐오심을 가지고 있었기 때문입니다. 그런데 거짓 교사들의 말에 속아4

---

2 루터는 교황주의자들이 십자가에 달리신 그리스도 대신 자기들이 만든 '종교적'인 것들을 숭배한다고 말한다. 즉, 미사의 사제가 되고, 수도사가 되고, 수녀가 되는 것들이라고 잘라서 말한다(302). 갈라디아 교인들의 문제가 루터 시대에 그런 의미로 해석이 된다면, 오늘 우리도 진정한 믿음과 종교적 행위들을 혼동하여서는 안 될 것이다.

3 루터 역시 이 대목에서 마법을 언급한다. 그런데 루터의 중세적인 표현 안에도 귀담아 들을 것이 포함되어 있다. 마법이나 마귀의 농간은 사람의 눈과 귀를 멀게 하여 왜곡된 시각과 청각을 갖게 만든다고 한다(291). 루터는 이렇게 마귀에게 홀린 사람들의 명단에 열광주의자, 재세례파, 성례주의자, 토마스 뮌처, 츠빙글리 등등을 포함시켰는데, 그들의 눈에는 오히려 루터가 마귀에게 홀린 사람으로 보였을 것이 분명하다. 이 속에는 우리가 이제는 넘어서야 하는 루터의 한계가 있음을 알았으면 좋겠다.

4 루터는 거짓 교사들의 속임수가 통하게 된 것이 갈라디아 교인들 속에 남아 있는 '옛 악덕의 찌꺼기' 때문이라고 말한다(287). 거짓 사도들은 단지 이 부싯깃에 점화하였을 뿐이다. "갈라디아 교인들이 신자가 되었고 믿음의 설교를 통하여 성령을 받았지만, 여전히 육을 따르는 '본성적 악덕'이 남아 있다"는 루터의 표현 속에서 루터의 칭의론의 핵심을 엿볼 수 있다. 어떤 못된 기질을 가진 사람이 회개하고 그리스도를 믿고, 은혜로 성령으로 부드러워졌다고 하더라도, 그의 본성적인 악덕은 그 사람의 육에서 완전히 없어지지 않는다는 표현 속에는 그리스도인이 '의로운 동시에 죄인'(*simul iustus et peccator*)이라는 루터 신학이 담겨 있다(287).
뒤에 나오는 갈라디아서 3장 6절의 주해에서 루터는 그리스도인이 의로운 동시에 죄인이라는 말을 해설하면서, "그리스도인은 거룩하고 속되며, 하나님의 원수이며 하나님의 자녀이다"라고 말한다. 그러면서 덧붙인 말이 궤변자들은 아무도 이 역설을 승인하지 못한다고 한다. 이것이 사람이 의롭게 된다는 말의 참된 의미라고 말이다(348).

더러 할례를 받는 일이 일어나고, 그 소문이 퍼지자 덩달아 마음이 흔들려 할까 말까 고민하는 사람들이 늘어나는 것을 보면, 이것은 마법에 걸린 것이라고 볼 수밖에 없다는 것입니다.

사실 광적인 집단행동은 미숙한 판단과 군중심리에서 나오는 경우가 대부분입니다. 그래서 지금 바울은 갈라디아 교인들을 향해서 믿음의 영역에서 벗어나 미신의 영역으로 빠져들지 않도록 경고하려는 것입니다.5

예수 그리스도는 악의 세력들에 의하여 유죄 선고를 받고 십자가에서 죽었지만 하나님께서 다시 살리셨고, 그의 죽음과 부활 선포를 듣고 믿는 사람은 누구든지 악의 세력으로부터 해방된 것이니, 할례 같은 미신적인 신앙에 빠지지 말라는 것입니다.

여기서 고대의 설교자였던 크리소스톰(Chrysostom)이 말한 '어리석음'의 의미를 인용해 보겠습니다. "모든 사람을 가르치기는 어려우나, 그들이 속기는 쉽다고 나는 생각한다. 그들은 지식이 있는 소수의 사람들로부터 어렵게 배운다. 그러나 그들은 알지 못하는 많은 사람들에 의해서 그리고 자기 자신들에 의해서도 너무 쉽사리 속아 넘어간다.

---

5 바울의 경고에 관하여 루터는 이것이 "복수심이 아닌 합법적인, 공적인, 필요한, 좋은 분노"에서 나온 것이라고 말한다(284-285). 이것이 없다면 "세상에서나 교회에서 건설적인 것이 존재할 수 없다"고 단언한다. 루터가 인용하고 있는 잠언 27장 6절은 "친구의 책망은 아파도 진심에서 나오지만, 원수의 입맞춤은 거짓에서 나온다"는 내용인데, 진심을 담아 전하는 공적인 책망이나 권고를 들으려 하지 않고, 감언이설만 좋아하고, 자기의 생각을 바꾸려 하지 않는 지도자 아래에 사는 사람은 불행하다. 왜냐하면 친구를 등지고 원수와 손잡게 되기 때문이다.

왜냐하면 생각하지 않는 자에게 진리는 너무 쓰기만 하고 즐거운 것이 못되지만, 거짓은 언제나 달콤하고 즐겁기 때문이다. 나는 그들이 병든 눈을 가진 사람들과 같다고 생각한다."[6]

그러니 오늘 우리도 우리의 신앙이 어떤 마법 같은 일에 홀려 스스로를 어리석게 만들고 있는 것은 아닌지 깊이 생각해야 합니다.[7]

2. 질문 2: 어떻게 성령을 받았습니까(3:2)

나는 여러분에게서 이 한 가지만을 알고 싶습니다. 여러분은 율법을 행하는 행위로 성령을 받았습니까? 그렇지 않으면, 믿음의 소식을 들어서 성령을 받았습니까?(갈 3:2)

---

6 한스 디터 벳츠, 『갈라디아서』, 292. 사람이 어리석다는 것은 쉽게 믿는다는 의미이지만, 깊이 들어가면 "자기가 믿고 싶은 것을 믿는다"는 의미라고 생각한다. 무지는 모른다는 말이 아니라 하나만 안다는 말이며, 하나만 아는 것으로 모든 것을 판단하는 것이 어리석음이다.

7 루터의 표현대로 말한다면, 오늘날에도 "은혜를 받으면 자신의 옛 악덕에서 완전히 씻김을 받는다"고 맹신하는 사람들에 대한 경고이다. 믿음과 은혜는 마법이 아니다. 우리 마음속에 가득 들어 있던 것이 단숨에 완전히 없어지고, 하나도 없던 것이 단번에 가득 차는 일은 절대로 일어날 수 없다. 겉으로 그렇게 보일지라도 그 속에는 옛것의 찌꺼기가 숨어 있다는 루터의 말을 우리도 귀담아들어야 한다(288). 루터의 이 말을 기억하면 좋겠다. "아무도 한 번 믿음을 받으면 당장 새 사람으로 변신한다고 추측하지 못하게 하라." 죽을 때까지는 우리 모두 여전히 육에 살고 있기 때문이다(갈 5:17; 롬 7:23).

두 번째 질문은 갈라디아 교인들이 받은 성령이 어떤 경로로 경험되었는지를 묻는 질문입니다. 오늘 우리의 질문으로 바꾼다면, 초심(初心)을 묻는 것과 비슷합니다. 어떤 이유로 맨 처음에 신앙을 가지게 되었는지를 생각한다면, 하나님의 은혜 앞에 감사하고, 언제나 겸손하고 성실한 신앙을 회복할 수 있다는 뜻입니다.

바울은 묻습니다. 성령 체험이 율법을 지켜서 경험한 것인지, 아니면 믿음의 소식을 들어서인지 말입니다. 당연한 대답을 요구하는 질문입니다. 갈라디아인들이 처음 복음을 들었을 그때, 그들에게 율법은 곁에 없었습니다.[8] 사도행전의 성령강림절처럼 복음의 소식을 듣는 그 순간, 마음에 감동이 밀려왔고 예수를 그리스도로 믿게 된 것입니다. 그런데 느닷없이 이제 와서 할례를 받으려고 하니 바울의 심정이 얼마나 답답하겠습니까?

그래서 '초심'이 중요합니다. '믿음의 소식'이라고 번역된 말은 '믿음의 선포'라고 번역할 수도 있습니다. 의미를 담은 번역은 '믿음을 이끌어 내는 능력을 갖고 있는 선포'입니다. 여기서 바울은 개념대비법을 사용합니다. '인간의 율법 준수' 대(對) '믿음을 이끌어 내는 하나님의 메시지'

---

8 루터가 율법이 아니라 복음을 강조하는 표현 중에 매우 흥미로운 것이 있다. 바로 유대인 출신 그리스도인들이 이방 그리스도인들을 바라보는 심정을 표현한 것이다. 자기들은 율법을 감당하는 무거운 짐을 지고 사는 데 비하여, 율법 없는 이방인들에게 믿음으로 구원을 준다는 말을 절대로 용납할 수 없었을 것이라고 말이다. 마치 아무런 노력도, 고생도 없이는 안 된다는 것이다. 루터는 이방 그리스도인들을 포도원에서 한 시간만 일한 품꾼에 비유한다. 유대 그리스도인들은 새벽부터 나와서 땀 흘리며 일했는데도 모두가 같은 임금을 받게 된다니, 유대인 출신들은 이것을 인정할 수 없었다는 것이다(311-312).

입니다. 다른 말로 하면 사람의 행위로냐, 아니면 하나님의 능력으로냐 묻는 것입니다. 이미 하나님의 능력으로 믿음이 생겼는데, 갈라디아 교인들은 다시 율법의 행위로 돌아가서 율법의 노예가 되겠다는 것입니다. 그들의 믿음을 늘 붙들어 주시는 성령의 역할을 까맣게 잊어버린 것입니다.

3. 질문 3: 영에서 출발하여 육으로 마치려고 합니까 (3:3)

여러분은 그렇게도 어리석습니까? 성령으로 시작하였다가, 이제 와서는 육체로 끝마치려고 합니까?(갈 3:3)

영과 육의 대조는 신약성서의 서신서에 자주 등장하는 표현입니다. 물론 영과 육이 조화로워야 하는 것은 당연한 것입니다. 그래서 정확히 말하면 영적인 것과 육적인 것을 구별하라는 것이 맞습니다. 양보하고 희생하고 인내하는 일은 영적인 영역의 일이지만, 욕심내고 독점하고 군림하는 것은 육적인 일이기 때문입니다.9

---

9 루터의 말에 따르면, 교황주의자들이 이 구절을 가지고 종교개혁자들을 헐뜯는다고 한다. 루터가 수도사였다가 나중에 결혼한 것을 두고 바로 이 구절 "성령으로 시작하였다가 육체로 마치겠느냐?"에 해당한다고 비난하였기 때문이다. 루터는 몰래 여러 명의 첩을 둔 고위 사제가 자신이 스스로 영적인 일을 감당한다고 믿는 것이 더 문제라고 말한다. 독신생활을 하는 것이 영적인 삶이 아니라 모든 그리스도인이 자신의 일상적

여기서 다시 또 '어리석다'는 말이 등장합니다. 이미 할례를 받은 사람들이야 어쩔 수 없지만, 마음이 흔들리고 있는 사람들을 정신 차리게 하는 표현이라고 봅니다. 만일 그들이 할례를 받고 율법에 얽매이게 내버려둔다면, 갈라디아교회는 유대인도 아닌데 유대인처럼 살아야 하는 멍에를 지게 되는 것이고, 예수 그리스도께서 율법의 멍에를 가볍게 하려고 십자가 죽음을 당하신 것이 무용지물이 되는 결과를 낳기 때문입니다.

또 한 가지는 신앙의 길에는 출발점과 목적지가 있는데, 목적지는 언제나 그 신앙이 더욱 성장하여 나가는 방향에 서 있는 것입니다. 그런데 문제는 지금 갈라디아 교인들이 출발지로 되돌아가고 있다는 것입니다. 과거에는 육적인 것만 생각하다가, 예수의 제자가 되고 나면 이제는 점점 더 영적인 것을 생각하는 방향으로 나아가게 되는 것이 정상적입니다. 만일 반대로 신앙생활의 연륜이 깊어 가면서 오히려 육적인 것에 마음을 빼앗긴다면, 이것은 어불성설입니다. 할례를 행하게 한다고 믿음이 완성되겠습니까?[10]

인 의무를 잘 감당하는 것이 성령의 열매들이라고 루터는 주장한다(326). 이런 주장의 역사적 배경은 네덜란드에서 시작하여 독일에 영향을 끼친, '새로운 경건운동'(*Devotio Moderna*)이다. 루터 역시 어린 시절 다닌 학교를 통해 이 운동의 교육을 받았기 때문이다.

10 루터는 이 대목에서, 믿음과 성령으로 불충분하다고 판단하여 할례를 더하면 결국 율법의 짐을 다시 지어서 절기를 지키고 제사를 드리는 일로 번져나가게 된다고 설명한다. 그렇게 하는 이유는 하나님의 진노를 피하기 위함이라고 하지만, 바울의 말은 오히려 하나님의 분노를 일으킨다는 것이다. 왜냐하면 하나님의 은혜를 무가치하게 만들기 때문이다(327). 오늘날 외적 종교의식에 집착하는 것이 바로 믿음과 성령을

4. 질문 4: 경험은 다 어디로 사라졌습니까 (3:4)

여러분의 그 많은 체험은, 다 허사가 되었다는 말입니까? 참말로 허사였습니까?(갈 3:4)

여기서 '체험'이라는 단어는 개역성서에서는 '괴로움'으로 번역되었습니다. 단순과거형으로 사용된 단어 파스코(πάσχω)는 '고생하다'라는 뜻도 있기 때문입니다. 그러므로 갈라디아 교인들이 했던 체험 또는 경험이 단순한 것이 아니라는 뜻이 담겼습니다. 동시에 '많은'이라고 번역된 단어 토사우타(τοσαῦτα)는 많다는 뜻 안에 '엄청나다'(great)는 뜻이 담겼습니다. 갈라디아 교인들이 성령을 받은 일은 단순히 평범한 경험이 아니라 '엄청나게 잊지 못할 무거운 체험'입니다. 그런데 성령 받은 기억을 던져버리고 율법으로 되돌아간다고 하니 바울은 기가 막혔던 것입니다.

'성령을 받는다'는 것은 오순절 경험에서 확인할 수 있습니다. 베드로의 선포가 모인 사람들의 마음에 감동을 불러일으켰습니다. 하나님의 말씀 선포가 그들의 마음속에 믿음을 이끌어 낸 것입니다. 베드로의 선포 내용을 요약하면 이렇습니다. "회개하십시오. 그리고 여러분 각 사람은 예수 그리스도의 이름으로 세례를 받고, 죄 용서를 받으십시오.

버리고 육체로 끝내는 것과 마찬가지라고 생각한다. 종교의식이 믿음을 낳는 것이 아니라 믿음이 의식을 낳는 것이다. 성령의 사람은 먼저 좋은 나무가 되는 일에 집중하기 때문이다.

그리하면 성령을 선물로 받을 것입니다"(행 2:38). 그들이 한곳에 모일 때부터 성령은 함께하셨고, 그날에 신도의 수가 3,000명이 늘어났다고 사도행전은 말합니다. 더 중요한 것은 모든 사람이 함께 모여 서로의 형편을 살펴주고, 도움이 필요한 사람들을 돌보아주며, 함께 만찬을 나누는 것을 기뻐하였다는 것입니다. 이것은 예루살렘교회의 처음 모습이 되었습니다. 이런 모습이 다른 사람들의 눈에 매우 좋게 보였다고도 합니다.

그러므로 성령의 신비를 가슴으로 경험한 갈라디아 교인들에게 '유대교가 아닌 그리스도 신앙'을 헛된 것으로 만드는 율법주의의 침입을 경고하고 싶은 바울의 마음이 여기서 그대로 드러나는 것입니다.

5. 질문 5: 율법으로냐, 복음으로냐(3:5)

하나님께서 여러분에게 성령을 주시고 여러분 가운데서 기적을 행하시는 것은 여러분이 율법을 행하기 때문입니까. 아니면 믿음의 소식을 듣기 때문입니까? 그렇지 않으면, 여러분이 복음을 듣고 믿어서 그렇게 하신 것입니까?(갈 3:5)

5절의 내용은 두 번째 증명으로 넘어가기 전에 갈라디아 교인들에게 주요 논점을 들이대는 질문으로 구성되어 있습니다. 즉, '잊지 못할 엄청나게 무거운 체험'의 출처가 어디인지 생각해 보라는 요청입니다.

그것은 율법 준수에서 비롯된 것이 아닙니다. 성령을 주신 하나님은 기적을 행하십니다.

'기적을 행한다'(energon dynameis, ἐνεργῶν δυνάμεις)는 말은 직역하면 '권능으로 영향을 끼치다'라는 의미입니다. 해석하면 하나님의 능력이 그들 가운데 크게 영향을 끼친다는 의미인데, 축귀나 치병이나 혹은 카리스마적 은사 등등을 말한다고 합니다. 이런 일들은 율법 아래에서는 없던 것들입니다. 그러므로 성령은 일회적인 체험으로 그치는 것이 아니라 여전히 '활동 중'이라는 것입니다.

그래서 바울은 갈라디아 교인들에게 엄중하게 묻습니다. 이런 성령의 활동이 율법을 행한 것으로부터(out of works of the law) 나온 것인지, 아니면 믿음을 듣는 것으로부터(out of hearing of faith) 이루어지는 것인지를 분별하라는 것입니다.[11]

우리가 믿는 것이 율법의 내용을 믿는 것이 아님은 분명합니다. 처음 유대인에게 주신 하나님의 율법은 이제 하나님의 아들인 예수

---

11 이 대목에서 루터는 분파주의자들에 대한 비난으로 많은 페이지를 할애하였다. 그의 논리는 교황주의자들을 완전히 파괴하기 위하여 의식을 철폐하고, 성상을 파괴하고, 성례전을 공격하여 교황청을 완전히 매장하려고 시도한 것이 오히려 교황청의 요새를 강화시켰다는 것이다(333-334). 루터의 종교개혁 방식은 '칭의'의 교리를 온 교회에 알리는 것이었다. 비록 로마가톨릭교회가 이를 수용하지 않고 루터를 정죄하였지만, 루터는 끝까지 '칭의'를 주장하여 교회를 개혁하려고 했다. 그래서 루터는 분파주의자로 알려진 재세례파, 성령주의자 등등의 주장과 행위에 대하여 가톨릭교회와 똑같이 영적인 것과 육적인 것을 혼동하는 자들이라고 비난하였던 것이다. 복음과 율법을 뒤섞어 버린다는 것이다(라디칼 종교개혁자들의 생각은 갈라디아서 강해에 나타난 루터의 입장과 매우 다르다).

그리스도에 의하여 완성되었습니다. 아니었다면 여전히 눈에는 눈, 이에는 이로 되갚으며 살고 있겠지요. 하지만 예수는 보복할 생각 말고 원수를 사랑하라고 가르쳤습니다. 그러니 그 율법 조항 하나하나에 의미를 둘 것이 아니라 율법 정신이 예수 그리스도에게서 어떻게 구현되는지를 볼 수 있어야 합니다.

그리스도인들이 믿는 것은 예수의 십자가와 부활입니다. 그리고 십자가와 부활을 믿고 예수의 가르침을 따르는 그리스도인들 사이에서 성령이 어떻게 활동하는지를 매일매일 체험하는 사람들입니다. 그러니 다른 것에서 신앙의 길을 찾는 것은 어리석은 일입니다.

9 장
두 번째 증명 : 하나님의 약속
(갈 3:6-14)

1. 아브라함의 혈통인가, 믿음인가 (3:6-9)

그것은, "아브라함이 하나님을 믿으니, 하나님께서 그것을 의로운 일로 여겨 주셨다"(창 15:6)는 것과 같습니다. 그러므로 믿음에서 난 사람들이 야말로 아브라함의 자손임을 여러분은 아십시오. 또 하나님께서 이방 사람을 믿음에 근거하여 의롭다고 여겨 주신다는 것을 성경은 미리 알고서, 아브라함에게 "모든 민족이 너로 말미암아 복을 받을 것이다"(창 12:3, 18:18, 22:18) 하는 기쁜 소식을 미리 전하였습니다. 그러므로 믿음에서 난 사람들은 믿음을 가진 아브라함과 함께 복을 받습니다(갈 3:6-9),

아브라함은 유대인 조상의 원조입니다. 그는 하나님과의 약속을

통해서 민족의 아버지라고 불렀고, 자기의 외아들 이삭을 희생 제물로
바치려고 할 만큼 하나님의 명령에 순종하였습니다. 그래서 창세기
15장 6절 "아브라함이 하나님을 믿으니, 하나님께서 그것을 의로운
일로 여겨 주셨다"는 말씀이 갈라디아서 3장 6절에 인용되고 있는 것입
니다. 바울은 갈라디아서 3장 6절에서 14절 사이에 하나님이 당신의
백성과 맺은 약속을 설명하고 있습니다. 그런데 그는 구약성서 말씀을
인용하면서 두 번째 증명을 시작합니다.

"아브라함이 하나님을 믿은 것을 하나님께서 의롭다고 여겨 주셨다"
는 첫 번째 명제를 창세기에서 인용하고 나서 바울은 말합니다. 아브라
함이 그랬던 것처럼, 믿음에서 난 사람(하나님을 믿는 사람)은 아브라함
의 자손이라는 사실을 누구나 다 안다고 말입니다. 여기서 유대인 민족
주의의 경계를 훌쩍 넘어섭니다. 아브라함의 혈통 중심이 아니라 아브
라함의 믿음 중심이라는 말입니다. 그러니 아브라함과 같은 믿음을
가진 사람은 유대인이든지 이방인이든지, 모두가 '하나님께서 의롭다
고 여겨주는 사람'이라는 뜻입니다.[1]

그 증거가 구약성서에 또 있습니다. "모든 민족이 너로 말미암아
복을 받을 것이다"(창 12:3; 18:18; 22:18)라는 말인데, 바울은 이 말도
인용하여 증거로 세웁니다. 바울은 이 말씀을 '기쁜 소식'이라고 부릅니

---

1 루터가 말하는 '믿음'이란 "하나님을 모든 선의 창조자요 수여자라고 인정하는 것"이
  다. 그래서 믿음이 없다면 하나님께서는 우리 안에 그의 영광, 지혜, 의로움, 신실, 자비
  를 드러낼 수 없다고 한다. 믿음이 없는 곳에 하나님의 신성이 나타나지 않는다고 한다
  (340).

다. 지난번 3장 5절 해설에서 "하나님이 성령을 주시는 것이 율법을 행함으로인가? 아니면 믿음의 선포를 들음으로인가?"라고 했던 바울의 질문을 생각해 보면, 여기서 바울은 그 정답을 말하고 있는 것입니다.

바로 우리가 듣고 있는 믿음의 선포가 '기쁜 소식', 즉 '복음'입니다. 아브라함에게 '미리 전한 복음'입니다. 그래서 이렇게 해석할 수 있을 것입니다. "율법에 앞선 것이 복음이다"라고 말입니다. 그래서 9절에서 믿음에서 난 사람은 믿음을 가진 아브라함과 함께 축복된다고 하는 것입니다. 공통 분모는 '혈통'이 아니라 '믿음'입니다.[2]

---

2 믿음에 반대가 되는 것이 무엇인지 루터가 말하였다(342-343). 첫째는 이성이다. 이성은 중세 스콜라주의의 신학 방법 중 핵심이 되는 도구인데, 쉽게 말하면 신적인 권위를 이성을 통하여 논증하는 것이다. 성서에 기록된 진리를 이성적인 방법으로 논증해 내는 것이다. 하지만 지나친 이성은 결국 십자가의 도를 이해하지 못하게 한다. 그래서 세상의 지혜가 십자가의 도를 어리석다고 말하는 것인지 모른다. 따라서 진정한 이성은 반드시 믿음 안에서만 그 가치를 발휘할 수 있다고 생각한다. 두 번째의 반대는 '자기 의'이다. 금식과 고행을 통해서 하나님의 은혜를 벌어들일 수 있다는 생각의 배후에는 자기 의가 자리하고 있다고 루터는 말하였다.
결국 자기 의는 우리 속에 있는 의를 말하는데, 이것은 그를 구원하지 못한다고 한다. 의는 우리 밖(*extra nos*)에서 오는 것이다(350). 그래서 그 의는 낯선 의(*iustitia aliena*)이고, 하나님께서 부어주신 의(*iustitia infusa*)이다. 루터는 인간을 하나님과 모순된 역설적인 관계 속에 있다고 말한다. 하나님의 사랑을 받는 동시에 죄인이기 때문인데, 의로우신 하나님은 필연적으로 죄와 죄인들을 미워해야 하는데 죄인인 인간을 사랑하시는 이유는 단 한 가지, 중보자 그리스도 때문이다. 그래서 그리스도인은 순전한 겸손에 머물러야 한다. 스스로 자신이 하나님의 분노를 받아 마땅한 죄인임을 느끼지만, 동시에 그리스도를 통하여 순수하고 거룩한 자부심을 가져야 한다고 말한다. 자신이 한 것 때문이 아니라 그리스도 때문에 사랑을 받고 있다고 믿는 것이다(352).

2. 율법은 무엇을 할 수 있을까(3:10-12)

율법의 행위에 근거하여 살려고 하는 사람은 누구나 다 저주 아래에 있습니다. 기록된 바 "율법책에 기록된 모든 것을 계속하여 행하지 않는 사람은 다 저주 아래에 있다"(신 27:26) 하였습니다. 하나님 앞에서는, 율법으로는 아무도 의롭게 되지 못한다는 것이 명백합니다. "의인은 믿음으로 살 것이다"(합 2:4) 하였기 때문입니다. 그러나 율법은 믿음에서 생긴 것이 아닙니다. 오히려 "율법의 일을 행하는 사람은 그 일로 살 것이다"(레 18:5) 하였습니다(갈 3:10-12).

바울은 율법의 행위를 근거로 사는 것이 '저주'라고 말합니다. 그 이유는 율법 규정을 계속 지키지 못하면 저주 아래 있다고 신명기 27장 26절에 쓰여 있기 때문입니다. 앞 절과 연결하면 믿음은 축복이요, 율법은 저주입니다. 믿음으로 살려고 하면 축복이지만, 율법으로 살려고 하면 저주라는 말은 율법을 비하하는 말이 아닙니다. 율법을 모두 지키는 것이 불가능한데 그것을 다 지켜서 구원을 받겠다면, 이것은 필연적으로 불가능한 일이기 때문입니다. 그래서 "완전히 못 지키는 율법 앞에 서면 저주일 수밖에 없다"는 말입니다.[3]

---

3 루터가 율법을 자기 시대의 시민적 법률에 비유한 것을 두고 교황주의자들은 루터를 반사회적이고 불복종자인 것처럼 비난하였다. 하지만 루터는 시민적 법령을 지키는 것 그리고 경제활동을 하며 세상 속에서 사는 것도 모두 복이라고 말한다. 왜냐하면 우리에게 주어진 모든 것이 다 하나님의 선한 창조물이기 때문이다(374). 하지만 구별을 해야 한다. 이생을 위한 육신적인 복과 영생을 위한 영적인 복을 구별해야 한다.

결국 율법을 완전히 지킬 수 없기에, 율법을 지켜서 의롭게 되겠다는 것은 불가능합니다.[4] 더구나 인간이 자신의 능력으로 하나님이 주신 율법을 완벽하게 지킬 수 있겠습니까?[5] 선한 사마리아 사람의 비유 이야기(눅 10:25-37)를 보면, 율법에 충실한 사람들인 제사장과 레위인은 사람의 목숨을 구하는 것 대신 손에 피를 묻히다가 율법 조항을 어길까 두려워서 그 자리를 황급히 피해버렸습니다. 이웃에게 자비를 베푸는 것이 율법의 정신인데, 결국 그들은 그것을 어겼습니다.[6] '문자'는 모든 지역과 모든 시대를 초월하는 불변의 것이 아닙니다. 오히려

4 루터는 이렇게 표현한다. "그는 율법을 지키는 중에 율법을 지키지 않는다"(398). 이것이 바울이 말하는 율법의 행위에 의존하는 것이다. 루터 이전의 개혁자들도 이런 문제들을 종종 언급하였다. 그리스도인이 겉으로는 계명을 지키고 있는 것처럼 보이지만, 그 속마음은 전혀 다른 생각을 하고 있다고 말이다. 주기도문을 암송하면서 하나님의 뜻이 이루어지기를 기도하지만 속마음은 자신이 원하는 것을 성취하려 하고, 입으로는 용서한다고 말하지만 속마음은 증오심으로 가득하며, 건강하게 해달라고 기도하지만 그의 삶은 건강하지 않다는 것이다.

5 바울은 "율법의 행위로는 저주를 받는다"고 하고, 모세는 "율법의 행위 없이는 저주를 받는다"고 하니, 둘 사이의 모순을 어떻게 조화시킬 수 있을지 루터는 고민하였다. 하지만 루터는 이 두 구절이 모순이 아니라고 한다. 율법의 행위라는 말에서 '행한다'는 말은 두 가지 의미다. 하나는 그 행위에 의존하는 것이고, 다른 하나는 믿음의 사람으로서 율법의 행위를 준수하는 것이다(377). 즉, 루터가 보기에 바울의 말은 믿음의 사람이 먼저이고, 율법 준수는 그다음이다. 그래서 행위에 의존하는 것과는 구별된다.

6 루터가 이 대목에서 '믿음'을 다시 정의하여, 허위의 믿음과 참된 믿음을 구별한다. 거짓 믿음이란 하나님과 그리스도 그리고 구속에 관하여 많이 듣고 또 들은 내용을 아름답게 말하기도 하지만, 듣고 말한 소리만 남는 믿음이다. 복음에 관해 많이 지껄인다고 해서 믿음이 아니라는 말이다. 심령을 새롭게 하고 삶을 변화하게 하며, 새로운 사람으로 거듭나게 하는 것이 참된 믿음이다(399). 그런 눈으로 선한 사마리아 사람의 비유 이야기를 이해하면 좋겠다.

문자 속에 담긴 '정신'이 변하지 않아야 하는 것입니다. 그러니 이방 지역의 갈라디아 교인들이 다시 문자적 율법으로 돌아가는 것은 결국 '저주' 아래로 들어가는 것과 마찬가지였습니다.

바울은 한 번 더 말합니다. "믿음으로 사는 사람이 의롭다"고 말입니다.7 12절에서 바울은 율법과 믿음의 차이를 말합니다. 동시에 "그러나 율법은 믿음에서 생긴 것이 아닙니다. 오히려 '율법의 일을 행하는 사람은 그 일로 살 것이다'(레 18:5)"라는 말씀이 믿음과 율법의 관계를 정확하게 구분합니다.8 이해하기 쉽게 해석하면, "율법은 믿음으로부터 나온 것이 아닙니다. 율법의 행위로 사는 사람은 계속 율법을 행하는 삶을 살 것입니다"라는 의미입니다.9 물론 레위기 18장에서 이 말은

---

7 사실 루터는 그리스도교의 '행함'은 철학적, 도덕적 선행의 의미를 초월하는 신학적 행함이라고 한다. 다시 말해서 이성과 의지로 하는 것이 아니라 믿음으로 하는 행함을 의미한다. 그러면서 루터는 여기서 히브리서를 인용한다. "믿음으로 아벨은 가인보다 더 나은 제물을 하나님께 드렸습니다. 이런 제물을 드림으로써 그는 의인이라는 증언을 받았으니, 하나님께서 그의 예물에 대하여 증언하여 주신 것입니다. 그는 죽었지만, 이 믿음으로 말미암아 아직도 말하고 있습니다"(히 11:4). 두 사람이 같은 제사를 드렸는데, 하나님은 아무런 이유, 설명 없이 아벨의 제사만 용납하였는데, 히브리서는 그 이유를 설명한 것이다. 그래서 외적인 행함은 진정한 그리스도교의 '행함'과는 다르다. 그리스도교의 행함은 믿음 없이는 아무런 값어치가 없다(391-392).

8 루터는 다음과 같이 행위와 믿음의 관계를 구별한다. "율법은 믿음이 아니다. 그럼에도 믿음은 일을 한다. 믿음과 행위는 구체적으로, 종합적으로 일치한다. 그럼에도 각자는 자기만의 본성과 합당한 기능을 가지고 있으며 보존한다"(405).

9 루터는 이 대목을 이렇게 풀었다. "그래, 어디 그런 식으로 계속해서 나가봐!"(403) 이것은 반어법이다. 믿음은 하나님의 약속에 매달리게 한다. 하지만 율법은 행위만 붙잡게 만든다. 약속은 하나님께서 주시는 것이고, 행위는 우리가 하나님께 드리는 것이다(402). 결국 "율법을 지킨다는 것은 믿음을 떠나서는 허구적인 것이거나 허구적인 용어이다"(407).

"하나님께서 주신 법도를 반드시 지키는 삶을 살라!"는 의미이지만, 바울은 율법의 행업은 결코 믿음의 길이 아니라고 말하고 싶었던 것입니다.

3. 그리스도가 당한 저주(갈 3:13-14)

그리스도께서 우리를 위하여 저주를 받은 사람이 되심으로써, 우리를 율법의 저주에서 속량해 주셨습니다. 기록된바 "나무에 달린 자는 모두 저주를 받은 자이다"(신 21:23) 하였기 때문입니다. 그것은, 아브라함에게 내리신 복을 그리스도 예수 안에서 이방 사람에게 미치게 하시고, 우리로 하여금 믿음으로 말미암아 약속하신 성령을 받게 하시려는 것입니다(갈 3:13-14).

앞서서 바울은 믿음이 축복이라면, 율법은 저주가 된다고 하였습니다. 그런데 이것과는 전혀 다른 저주가 있다고 말합니다. 바로 예수 그리스도께서 받은 저주입니다. 십자가에 달려 돌아가신 것 자체가 저주라고 한 신명기의 말씀을 인용합니다. 죽을죄를 지어 죽은 사람의 시신은 반드시 나무에 매달아 두어야 한다는 율법 내용입니다. 나무에 달린 사람은 하나님의 저주를 받은 사람이고, 그 시신으로 땅을 더럽히지 말라고도 합니다. 문자 그대로라면 예수는 나무에 달려 운명하였으니 하나님의 저주를 받은 것입니다. 그런데 여기서 바울은 발상의 전환을 합니다.

그리스도께서 나무에 달려 '저주받은' 것은 우리를 '율법의 저주'에서 속량하기 위함이었다고 말입니다. '속량'이란 영어로 구원(redemption)이라고 번역합니다. 그 본뜻은 속량(贖良)이 더 정확합니다. 몸값을 치르고 속박에서 벗어나게 해주는 것입니다. 즉, '묶인 것으로부터 풀어낸다'는 뜻입니다. 자유이고 해방입니다. 그러므로 예수의 십자가 죽음은 율법의 구속 상태에서 해방시키는 것입니다. 결국 한 분이 당한 '죄 없는 저주'가 모든 사람이 겪는 '죄 있는 저주'를 속량한다는 구속(救贖) 신앙이 여기서 탄생하는 것입니다.[10] 이것을 '신앙의 신비'라고 부를 수 있겠지요.

4. 결론: 율법을 버려야 하는가

하지만 아닙니다. 율법을 버리라는 말이 아닙니다. 율법으로 하나님 앞에서 의롭게 될 수 없는 이유는 인간의 노력으로 율법을 완전하게 지킬 수 없기 때문입니다. 하나님께서 율법을 유대인들에게 주시면서 이것을 지키라고 하신 것은 하나님의 백성들에게 삶의 원칙을 주신 것입니다. 그러니 지키는 것이 마땅합니다.

그런데 민족의 경계를 훌쩍 넘어가면, 그 원칙들을 문자적으로 지킬

---

10 그리스도가 하나님의 저주가 되어서 우리의 모든 죄를 담당하게 된 것을 바라보는 일은 '우리의 가장 고귀한 위로'라고 루터는 말한다(414). 그런데 율법의 행위로 의로워지려고 한다면, 그리스도를 죄 없게 만들고 우리 스스로 자신에게 짐을 지우고 허덕이게 된다. 그래서 루터는 고귀한 위로라고 말한다.

수 없게 됩니다. 예수께서 자신이 "율법을 완성하려고 왔다"(마 5:17)고 하신 말씀대로, 예수는 유대교의 문자적 율법주의에 항거하였습니다. 그리고 바울은 율법의 경계를 분명하게 정하고 있는 것입니다.

14절에서 바울은 말합니다. 하나님께서 아브라함에게 주신 축복을 민족의 경계를 넘어 모든 사람에게 이르게 하는 길은 예수 그리스도뿐이라는 것입니다. 그리스도를 믿고 약속하신 성령을 받는 것이 같은 복을 얻는 길입니다. 이것이 하나님께서 아브라함에게 그리고 예수 그리스도를 통해 모든 믿는 사람들에게 주신 약속입니다.

그리스도교 신앙은 그 먼 거리를 넘어서 우리 민족에게 전해졌습니다. 개신교 신앙의 전래도 140년이나 됩니다. 지난 140년 동안 우리 땅에서 활동한 신앙의 역사만 살펴보아도 시대마다 복음이 활동한 다양한 역사를 알 수 있습니다. 서구에서도 2,000년간 여러 가지 모습으로 활동한 것은 복음입니다. 그래서 교회의 역사는 복음과 복음 사역의 역사입니다.

바울이 남긴 갈라디아서 속의 갈라디아 교인들은 전해 받은 복음으로 유대교의 외형적 신앙 규정으로부터 자유를 얻은 사람들이었습니다. 유럽으로 건너간 복음이 어떤 일을 하였는지 그리고 우리 민족에게 끼친 복음의 영향을 공부하지 않으면, 우리는 유대교의 문자주의와 같은 문자적인 율법주의 신앙의 굴레에 갇혀 있을 수밖에 없습니다. 그래서 성서는 반드시 역사와 함께 읽고 이해하여야 합니다.

10장
세 번째 증명 : 약속에 첨부한 율법
(갈 3:15-20)

1. 원본 유언장의 효력(3:15)

형제자매 여러분, 나는 사람의 관례를 예로 들어서 말하겠습니다. 어떤 사람이 적법하게 유언을 작성해 놓으면, 아무도 그것을 무효로 하거나, 거기에다가 어떤 것을 덧붙일 수 없습니다(갈 3:15).

바울은 아브라함의 자손이란 혈통이 아니라 믿음으로 전수되는 것이라는 논지로 두 번째 증명을 마친 후, 하나님과 아브라함이 맺은 계약을 부각시키기 시작합니다. 세 번째 증명은 그 믿음의 계약이 그리스도에 대한 믿음으로 재현되는 것이지, 율법은 어떤 필요에 의하여 덧붙여진 부가 조항일 뿐이라는 것입니다.

15절에 나오는 '유언'이라는 용어는 디아테케(διαθήκη)를 번역한 것인데, 원래 계약(testament) 또는 언약(covenant)을 뜻합니다. 여기서 '유언'이라고 번역한 이유는 18절에 '유업'(kleronomia, κληρονομία, inheritance)이라는 용어가 나오기 때문입니다. 유언장을 기록하여 공증을 받으면 그 효력이 발생합니다. 그런데 유언에 부가 조항을 첨가하려면 생전에 절차를 밟아서 새롭게 작성해야 하는 것은 예나 지금이나 똑같습니다. 바울이 적법하게 작성된 유언장을 일방적으로 폐기하거나 사후에 첨삭하여 수정하는 것을 불법이라고 전제하는 이유가 다음 절에 나옵니다.

2. 언약의 후손은 그리스도뿐(3:16-18)

그런데 하나님께서 아브라함과 그 후손에게 약속을 말씀하실 때에, 마치 여러 사람을 가리키는 것처럼 '후손들에게'라고 말씀하시지 않고 단 한 사람을 가리키는 뜻으로 '너의 후손에게'라고 말씀하셨습니다. 그 한 사람은 곧 그리스도이십니다. 내가 말하려는 것은 이것입니다. 하나님께서 이미 맺으신 언약을, 사백삼십 년 뒤에 생긴 율법이 이를 무효로 하여 그 약속을 폐하지 못합니다. 그 유업이 율법에서 난 것이면, 그것은 절대로 약속에서 난 것이 아닙니다. 그러나 하나님께서는 약속을 통하여 아브라함에게 유업을 거저 주셨습니다(갈 3:16-18).

"내가 너의 자손에게 이 땅을 주겠다"(창 12:7), "내가 이 땅을 너의 씨에게 주겠다"(창 24:7) 등등에 나오는 '후손' 또는 '씨'라는 용어가 복수가 아닌 단수로 등장한다는 점에 바울은 주목합니다. 사실 아브라함의 후손이라는 표현은 단수로 표현한 집합명사입니다. 우리가 "사람이 많았어요"라고 말해도 그 사람이 '사람들'을 의미하는 것과 마찬가지입니다. 그런데 바울은 굳이 문법적인 문구를 찾아내서 증명을 시도합니다.

바울의 말대로라면 그리스도가 오시기까지 아브라함의 후손은 단한 명도 없었던 셈이 됩니다. 그러니까 다시 한번 여기서 아브라함의 유언을 상속할 수 있는 후손은 절대로 혈통에서 나오지 않는다는 점을 강조하는 것입니다. 아브라함의 믿음, 즉 하나님과 맺은 언약에 대한 신뢰를 믿음으로 따르는 자가 아브라함의 후손이라는 것입니다.

그런 믿음의 유산을 이어받으려면, 단 하나의 후손인 그리스도를 믿어야 한다는 말입니다. 그러므로 유대인들이 자신이 아브라함의 자손이라고 아무리 외쳐도 그것은 단지 혈통을 물려받은 것뿐이지, 구원하는 신앙을 물려받은 것이 아니기 때문에, 하나님께서 약속하신 유업을 물려받을 수 없다는 논리입니다.

여기서 바울이 제시하는 증거물은 이것입니다. 율법이 등장한 것은 아브라함과 맺은 언약이 나온 지 430년 후라는 것입니다. 430년이라는 연수 계산은 이스라엘이 이집트에서 노예 생활을 하다가 모세의 인도를 받기 시작한 기간을 말합니다. 왜냐하면 모세가 토라(율법)의 전달자였기 때문입니다.

여기서 율법은 유언장에 대한 첨가물이라는 논리가 등장합니다. 율법을 지켜야 구원을 받는다고 주장하는 갈라디아교회의 거짓 교사들의 논리가 오류인 것은, 그 율법이란 등장하기 430년 전에 작성된 유언장 원본에는 없기 때문입니다.

맨 처음에는 하나님에 대한 아브라함의 믿음이 언약의 근본이었는데, 그 내용은 사라지고 율법 준수가 대신 자리 잡아서 믿음에 대한 기억을 상실하게 만든 것입니다.[1] 그래서 율법을 따른다면, 그 유업을 물려받을 수 없게 됩니다. 오직 효력이 있는 문서는 약속이 담긴 유언장 뿐입니다. 그러면 왜 율법이 등장하게 되었는지 바울은 이제 설명해야 합니다.

3. 율법의 용도(3:19-20)

그러면 율법의 용도는 무엇입니까? 율법은 약속을 받으신 그 후손이 오실 때까지 범죄들 때문에 덧붙여 주신 것입니다. 그것은 천사들을 통하여, 한 중개자의 손으로 제정되었습니다. 그런데 그 중개자는 한쪽에만 속한 것이 아닙니다. 그러나 하나님은 한 분이십니다(갈 3:19-20).

---

1 루터는 약속은 율법 위에 있다고 단언한다. 왜냐하면 약속이 율법보다 먼저 있었기 때문이다. 이것은 "약속이 아니라 율법을 통하여 의를 주셨다"는 말을 못 하게 하려 함이다(442).

법이란 '없어지기 위하여 존재하는 것'이라고 생각합니다. 법은 모두가 법을 잘 지켜서 법 없어도 되는 세상이 그 최종 목적입니다. 그런데 법이 없어질 수 없는 이유는 끝까지 법을 어기는 사람들이 있기 때문입니다. 그래서 모든 사회에는 법이 존재합니다.[2]

율법이 등장하게 된 것 역시 마찬가지입니다. 모세가 시나이산에서 십계명을 받아서 이스라엘 백성들에게 전달할 때의 상황을 보십시오. 그들은 끊임없이 우상 숭배를 하고 있었습니다. 레위기에 등장하는 상세한 율법 조문들을 읽다 보면 이런저런 범죄들이 그들 사회 속에 만연하였다는 사실을 알 수 있습니다. 즉, 율법이 등장하게 된 것은 죄가 되는 일이 어떤 일들인지를 깨닫게 하려는 것입니다.

그런데 그 율법은 '유효기간'이 정해져 있습니다. 아브라함의 진정한 후손이 올 때까지입니다. 즉, 예수 그리스도가 오시면 아브라함과 하나님께서 맺은 계약서가 공개되는 것입니다. 거기에는 '믿음'만 기록되어 있다는 사실이 세상에 드러나는 것입니다.[3]

---

2 루터가 이 대목에서 던지는 질문도 마찬가지이다. "만일 율법이 의롭게 하지 못한다면, 왜 그것을 주셨는가?" 동시에 "왜 우리가 그것을 지켜야 하는가?"(449) 실상 오늘의 법도 잘 지킨다고 해서 의로운 사람이라고 하지는 않는다. 범법을 하지 않으면 처벌을 받지 않을 뿐이다. 그런 생각이 들면 법을 잘 지키려는 사람들이 의기소침해질 것이다. 루터 역시 비슷한 생각을 한다. 수도사 생활을 수십 년 하고 순결과 가난과 금식과 기도로 금욕적인 삶을 살며 자기를 괴롭혔는데 일반 가정생활을 성실히 영위하는 사람들과 아무런 차이가 없다고 한다면, 불평할 수밖에 없다는 말이다.

3 "바울이 율법을 철폐하였다"고 오해한 사람들(율법 폐기론자라고 부른다)은 결국 율법 없는 이방인처럼 마음 놓고 죄를 짓고 살자는 말이라고 생각할 것이라고 루터는 말한다. 그래야 은혜가 더한다고 말이다(450). 루터는 이들을 '오합지졸'이라고 부르는데, 그들의 결론은 "그러면 아무 일도 하지 말자"라는 것이다.

물론 율법이 유효기간이 지났다고 해서 폐기되는 것은 아닙니다.[4] 여기서 유효기간이란 믿음의 길을 알지 못하는 백성들이 임시방편으로라도 그와 유사한 길을 걸을 수 있도록 인도하는 효능을 말합니다. 하지만 그리스도가 등장한 이상, 그 효능은 믿음으로만 가능합니다. 다만 율법은 믿음의 길을 바르게 걸어가는 데 조력할 뿐입니다.[5] 다시 말하면 율법이 담고 있는 정신을 기억하여야 한다는 것이지, 할례를 받아야 하고 또 정결법을 준수하여야만 한다는 식으로 과거의 율법 아래로 '회귀'해서는 안 된다는 것입니다.[6]

---

4 율법이 우리를 의롭게 하지 않는다고 해서 버릴 수는 없다. 왜냐하면 이 세상에서 의롭게 하는 기능을 담당하지 않는 것들이라도 충분한 존재의 가치를 지닌 것들과 함께 살고 있기 때문이다. 그래서 루터는 "율법이 의롭게 하지 않는다면 아무것도 아니다"라는 논리를 부정한다(451). 그 근거에 대하여 루터는 율법은 비록 의롭게 하지는 못하지만, 은혜의 약속을 향하여 재촉하기 때문에 그리고 율법은 그런 기능으로 '의에 공헌하기' 때문에 율법을 철폐하지 않는다고 말하였다(463).

5 율법은 범죄가 존재하기 때문에 필요한 것이다. 루터는 율법의 이중적인 용도를 말하는데, 첫째는 율법의 시민적 사용이고, 둘째는 율법의 신학적(영적)인 사용이다(454-455). 시민적 사용(*usus civilis*)이란 범법을 규제하기 위한 목적을 의미한다. 악한 자를 규제하는 것이다. 공공의 평화와 모든 것을 보존하시려는 하나님의 법 제정이다. 루터는 갈라디아에서 바울은 시민적 사용에 관해서는 언급하지 않았다고 말한다(455). 신학적 또는 영적인 사용(*usus theologicus seu spritualis*)이란 율법의 원래 목적인데, 율법을 통해 양심에 죄를 더하고 가중시키는 일이다. 그러므로 율법은 죄를 드러나게 한다. 교만, 독선, 자기 신뢰, 하나님 증오 같은 죄를 깨닫게 하기 위한 목적을 지닌 율법을 놓고 이것을 지켜서 자신의 의로움을 확인하고 증진하겠다고 생각한다면, 이는 율법의 근본 목적을 망각한 것이다. 루터는 바울의 시대에도 그리고 루터 자신의 시대에도 이처럼 율법의 기능과 용도를 인식하지 못한 것이 문제였다고 본다.

6 그러므로 율법은 우리가 행해야 할 것은 행하지 않고, 행하지 말아야 할 것은 행하였기에 하나님의 진노와 영원한 사망의 처벌을 받는다고 말한다. 바로 그렇게 율법이 말할 그때, 율법의 합당한 사용이 이루어지고 있다. 그래서 율법의 선언 때문에 사람은 양심

바울은 19-20절에서 이렇게 말합니다. 율법은 천사들을 통하여, 중개자의 손을 빌려 제정된 것이라고 말입니다. 천사들을 통한다는 표현은 천사들의 중개 과정을 의미하고, 그다음 중개자는 모세를 뜻합니다. 그런데 20절 내용은 난해합니다. 원문을 직역하면 "그러나 하나의 중개자는 아닙니다. 그런데 하나님은 하나입니다"라는 말인데, 그 의미를 전혀 짐작할 수 없어서 300여 가지나 되는 해석적 예시가 있다고 할 정도입니다.

우리말 번역에서는 "그런데 중개자는 한쪽에게만 속한 것이 아닙니다. 그러나 하나님은 한 분이십니다"라고 해결했지만, 이것 역시 의미가 불분명합니다. 독일어 성서(취리히 성서)나 현대의 주석에서는 이렇게 번역합니다. "중개자는 하나의 [사람]을 [대표]하지 않지만, 하나님은 한 분이다"라고 말입니다.

적당히 그 의미를 추적하면, 모세로 대표되는 중개자의 비중은 하나님께 비할 바가 못 된다는 뜻인 것 같습니다.[7] 직역 문장과 비교하여 부연 해석을 한다면 "모세는 유일한 중개자가 아니지만, 하나님은 유일하다"라고 할 수도 있겠지요. 어쨌든 바울은 뒷부분(25절까지)에서 율법에 대한 보충 설명을 이어갑니다.

의 괴로움으로 절망하고 자신에게 사망을 부과하고자 하는 양심의 소리를 듣는다 (456-457).

7 두 중보자 중 하나는 모세이고, 다른 하나는 그리스도이다. 그런데 모세가 전한 율법의 소리에 모든 백성이 무서워 떨었는데, 율법이 어떻게 의롭게 할 수 있겠느냐고 루터는 반문한다. 이것이 율법이 의롭게 하지 못한다는 증표이다(469-470).

4. 결론

하나님과의 약속에 첨부된 율법 조항들은 그리스도의 등장으로 말미암아 그 효력을 상실했습니다. 하지만 율법 안에 담겨 있는 하나님의 사랑은 그리스도를 믿는 사람들에게 좋은 안내자가 될 것입니다. 일반적으로 기독교 신학은 이것을 '율법의 교훈적 사용'이라고 부릅니다.

그리고 율법은 예수 그리스도라는 관점으로 재해석해야 합니다. 그리스도의 가르침의 눈으로 율법을 바라보면 율법의 진수가 바르게 드러난다는 말입니다. 우리가 믿고 의지해야 할 것은 그리스도이고, 율법 정신은 우리의 삶을 반성적으로 돌아보게 하는 도우미입니다.

11장
율법이란 무엇인가
(갈 3:21-25)

1. 서론: 율법에 관한 여담(Digressio)

여담(餘談)이라는 말은 '핵심 주제에서 약간 빗나간 담화'를 의미합니다. 하지만 필요한 내용이기에 말하는 것입니다. 바울은 3장 19-25절 사이에서 율법에 대한 정의를 내립니다. 이 내용이 필요한 이유는 앞서서 '하나님의 약속'을 강조하였으므로, 그 약속과 율법이 어떻게 다른 것인지 설명해야만 하였기 때문입니다.

우리말로 번역된 성서가 20절에서 단락을 나누었기 때문에 편의상 19-20절을 지난번에 해석하였습니다. 하지만 그 내용 역시 율법이 무엇인지를 말하고 있습니다. 율법은 범죄들 때문에 첨가된 것이고, 약속된 후손이 올 때까지 유효기간이 정해져 있으며, 천사들에 의해

중개자 모세를 통해서 백성들에게 전해진 것이라는 내용입니다.

2. 율법의 울타리(3:21-22)

그렇다면 율법은 [하나님의] 약속과는 반대되는 것입니까? 그렇지 않습니다. 그 중개자가 준 율법이 생명을 줄 수 있는 것이었다면, 의롭게 됨은 분명히 율법에서 생겼을 것입니다. 그러나 성경은 모든 것이 죄 아래에 갇혔다고 말합니다. 그것은 약속하신 것을, 예수 그리스도를 믿는 믿음에 근거하여, 믿는 사람들에게 주시려고 한 것입니다(갈 3:21-22).

이렇게 말하고 나면 율법이 하나님의 약속과 대립하는 것인지 의문이 생깁니다. 바울은 스스로 질문은 던지자마자 "그렇지 않습니다"(21절)라고 즉답합니다. 그런데 하나님의 약속과 대립되는 것이 아니라는 바울의 논리가 독특합니다. 대립한다는 말은 반대(against) 또는 대척(contrary to)이라는 의미의 전치사 kata(κατά)를 번역한 것인데, 이것은 서로의 입장이 동등하게 대립한다는 뜻으로 사용한 것이 아닙니다.

율법의 용도가 하나님의 약속과 비교해 보면 그 위상이 동등하게 대립적이다는 의미로 이해하면 곤란합니다.[1] 다시 말하면 율법에는

---

1 루터는 율법이 하나님의 약속과 상치되지 않는 이유를 말한다. 첫째, 약속은 율법에 의존하지 않고 하나님의 신실하심에 의존한다. 둘째, 율법의 가장 고상하고 위대한 사용은 사람을 겸손하게 하고, 겸손은 사람을 신음하게 하고 탄식하게 하고 중보자의

부족한 것이 있는데, '살려내는 것'이 부족합니다.[2] 만일 율법이 생명을 살리는 기능을 가졌다면, 당연히 의롭게 할 능력도 가졌을 것입니다.[3] 반면에 하나님의 약속은 복음이기 때문에, 사람을 의롭게 하며 생명을 주어 죽음에서 살려내는 역할을 담당합니다. 그러니 두 가지가 어떻게 '맞설 수' 있겠느냐는 것입니다. 그래서 21절 상반 절을 다시 번역하면 이런 의미가 됩니다. "어떻게 율법을 하나님의 약속과 비교할 수 있겠습니까? 절대로 비교 대상이 되지 못합니다."

22절의 새번역은 의역입니다. 원문은 "성경이 모든 것을 죄 아래 가두었다"입니다. 이런 점에서는 개역이 분명한데, "성경이 가두었다"는 표현이 어감상 좋지 않게 느껴져서 이런 의역이 나온 것 같습니다. 율법을 이제는 '성경'이라고 말하는 것입니다. 이것은 구약성서를 의미합니다. 그러니 율법은 죄를 깨달아 알게 하기 때문에, 율법 아래에서 모든 세상은 죄 아래 구속 당할 수밖에 없습니다.[4] 그러나 바울이 여기서

손을 찾게 한다(483). 마치 쓴맛을 알아야 단맛도 더 강하게 느끼는 것과 같이, 율법도 하나님의 선물인 은혜를 더 값지게 한다.

2 그래서 율법은 겸손 그리고 그리스도에 대한 목마름을 산출하는 바로 그 지점까지 자신의 역할을 감당한다(483).

3 이 대목에서 루터는 교황주의자들이 인간의 의지나 인간의 능력이나 적선 행위 등등을 앞장세우는 것은 바울의 말에 무지하였기 때문이라고 말한다(484). 동시에 교황주의자들은 바울의 말을 읽으면서도 그 행동을 그 말에 따르지 않고 정반대로 살고 있다고 비판한다. 앞서(7장 각주 3) 언급한 적정공로(merit of condignity)와 재량공로(merit of congruity) 따위는 복음을 억누르는 공로주의에 불과하다.

4 루터는 그리스도 그리고 하나님의 약속 밖에 있는 것은 무엇이나 죄에 갇혀있다고 말한다. 의식법이든지, 도덕법이든지, 십계명이든지 예외 없다고 말이다(488). 그래서 "믿음만이 의롭게 한다"는 명제가 참이라고 증언한다.

율법을 무효화하지는 않습니다. 율법의 그런 역할이 있었기 때문에 그리스도를 믿는 믿음의 역할이 등장하는 일에 봉사하였다고 봅니다.[5]

여기서 문단의 제목을 "율법의 울타리"라고 표현한 이유를 설명하겠습니다. 율법은 이스라엘 백성의 울타리 역할을 하였습니다. 집을 짓고 울타리는 만드는 이유가 무엇입니까? 담장 안은 내 구역이라는 것입니다. 외부인이 담장 안으로 넘어 들어오지 못하도록 하는 것입니다. 그 안에서는 안전을 보장받는 것입니다.

동시에 울타리 안에 거하려면 내부의 규칙을 잘 지켜야 합니다. 공동주택에 사는 사람이 공동 주거 규정을 따라야 하는 것과 마찬가지입니다. 그래서 울타리는 그 안에 사는 사람이 해서는 안 될 것들을 규정하는 법과 같고, 동시에 그런 규정을 완전히 무시하는 사람들이 함부로 들어오지 못하도록 하는 성곽과도 같은 것입니다.

그런데 시간이 흘러서 울타리의 본질적인 역할은 잊히고, 한 번 들어온 사람은 절대 밖으로 나가지도 못하게 하는 '교도소'가 되어버린다면 어떻겠습니까?[6] 안과 밖의 철저한 단절이 시작되면 율법은 죄를 깨닫게 하는 기능을 넘어서서 사람을 죄 안에 가두는 역할을 하게 됩니

---

5 "성경이 모든 것을 죄에 가두었다"는 말에 대하여 이것은 영구적인 것이 아니라고 루터는 말한다. 약속된 분을 주시기까지이다(490).

6 루터는 여기서 놀라운 표현을 사용한다. 루터 역시 율법을 감옥으로 비유하는데, 옥에 갇힌 사람은 갇혀 있기에 악행을 못 할 뿐이고, 자기의 범죄를 반성하지도 않으며, 오로지 자기가 자유롭지 못한 것만 슬퍼한다고 말한다(493). 심지어 출옥하면 범죄하는 옛 생활로 돌아갈 것이라고 말하며 감옥의 교정 기능조차 부정하는 듯하다. 율법을 지키는 이유는 이처럼 오직 형벌을 두려워하여서이다.

다. 저는 이것을 '율법'이 아닌 '율법주의'라고 부릅니다. 섬기는 역할을 하도록 제공된 율법이 오히려 사람을 지배하는 폭군이 되어버리는 것입니다. 그래서 생명을 살리는 일을 하지 못하는 것입니다.

울타리가 점점 높아지고 또 좁아지면 그 안에 사는 것은 숨 막히도록 갑갑하게 느껴질 수밖에 없습니다. 토라(Torah)와 도그마(Dogma) 안에 매몰되는 것입니다. 그런데 이와 유사한 것들이 삶에서도 등장합니다. 명예, 재물, 학식, 지식, 지위 등등이 마찬가지의 역할을 할 때가 많습니다. 이런 울타리에 감금당하여 살면 자신의 울타리를 점점 더 좁게 만들고 맙니다. 모름지기 울타리는 넓혀가야 제맛입니다.

3. 교육자(파이다고고스) 율법(3:23-25)

믿음이 오기 전에는, 우리는 율법의 감시를 받으면서, 장차 올 믿음이 나타날 때까지 갇혀있었습니다. 그래서 율법은, 그리스도께서 오실 때까지, 우리에게 개인교사 역할을 하였습니다. 그것은, 우리로 하여금 믿음으로 의롭다고 하심을 받게 하시려고 한 것입니다. 그런데 그 믿음이 이미 왔으므로, 우리가 이제는 개인교사 아래에 있지 않습니다(갈 3:23-25).

23절에서 바울은 율법을 '감시자'라고 말합니다. 단지 그 감시자는 믿음이 올 때까지만 그 역할을 합니다. 이제 율법의 시대는 가고 믿음의 시대가 도래하였다는 뜻입니다. 믿음의 시대가 오기까지 율법은 과연 어떤 역할을 담당하였을까요?7 보통은 '죄를 깨닫게 하는 역할'이라고 이해하지만, 구체적으로 어떤 모습인지 바울은 여기서 설명하고 있습니다.

새번역 성서에서는 '개인 교사' 역할을 했다고 하고, 개역개정판 성서에서는 '초등 교사'라고 번역하였습니다. 서로 의미가 맞지 않는 번역입니다. 원문에 사용된 단어는 파이다고고스(παιδαγωγός)인데, 여기서 교육학(pedagogy, pädagogie)이라는 말이 생겼습니다. 그러니 교사라는 번역을 한 것입니다. 우리 귀에 얼핏 듣기에는 율법이라는 교사는 무척 긍정적인 역할을 담당한 교사 같습니다. 하지만 앞 절에 나오는 '감시자'라는 표현에 주목해야 합니다.

헬라어에서 '교사'는 디다스칼로스(διδάσκαλος)입니다. 마태복음 8장 19절에서 한 율법학자가 예수님께 찾아와 어디든지 따라가겠다고 할 때 예수님을 선생님(didaskalos)이라고 불렀습니다. 그래서 개역개정판 성서에서는 파이다고고스를 디다스칼로스와 구별되도록 초등 교사라고 번역하였고, 새번역에서는 공적(公的)이 아닌 사적(私的)인 교사라는 의미를 담아서 가정 교사처럼 번역했습니다.

---

7 루터는 율법이 생명을 보여주는 말씀이며 우리를 생명으로 몰아가는 것이라고 한다. 다시 말하면 율법은 사망을 위해서만 주신 것이 아니라는 뜻이다. 루터는 이것이 "죄의 본성과 극악성이 분명해지게 하도록 하기 위하여 사망을 계시하는 일"이라고 표현한다(491). '사망의 계시'라는 말이 흥미로운데, 죽이려는 것이 아니라 죽지 않으려면 율법대로 하라는 뜻이다. 다시 말하면 율법으로 겸손해지라는 것이다. 그래서 하나님은 율법의 이 효능 때문에 즉 사망의 계시로 생명을 위하여 여전히 사용하신다고 루터는 말한다(492).

'파이다고고스'는 그 당시 이런 사람을 의미합니다. 어떤 귀족이 자기 자녀를 학교에 보낼 때 함께 붙여서 따라 보내는 '노예'입니다. 그 노예는 학동의 가방 등등 소지품을 들고 따라가며, 혹시라도 학동에게 사고가 나지 않도록 또는 누가 시비를 걸지 못하도록 보호하고, 그 학동이 예절을 잘 지키는지 관찰해야 합니다. 그래서 그 학동은 어느 정도 성장할 때까지 '파이다고고스'의 감독 또는 감시를 받아야 하는 것입니다.[8]

아마 '몽학 선생'(蒙學先生)이라는 표현을 기억하는 분들이 많을 것입니다. 개정되기 전 개역성서는 이 용어를 사용하여서 "믿음이 온 후로는 우리가 몽학선생 아래 있지 아니하도다"(25절)라고 번역하였습니다. 몽학이란 "아이들이 하는 공부입니다." 그래서 몽학훈장이란 말도 '겨우 아이들이나 가르칠 정도의 훈장'이라는 뜻이라고 사전에 나옵니다. 그래서 개인 교사나 초등 교사보다 몽학 선생이라는 번역이 율법의 역할을 이해하는 데 더 도움이 됩니다.

우리가 지키는 세상의 법이라는 것이 이와 유사하지 않습니까? 법이 없어도 살 사람들이 주변에 많습니다. 그래서 법이 존재하는 이유는 법 없어도 살 사람들을 마구 공격하는 악한 사람들로부터 보호하기 위함이라고 하기도 합니다.

율법이 한 역할이 바로 그것입니다. 엄한 감시자가 되어서 악으로부터 선한 이를 보호하려는 목적을 가졌습니다. 하지만 그 안에 갇혀서

---

8 한스 디터 벳츠, 『갈라디아서』, 376-378.

감시를 받는 동안에는 그 누구도 자유를 누리지 못합니다. 그래서 헬라어 파이데이아(παιδεια)는 교육이라는 의미이지만, 그 본뜻은 '회초리'입니다.9 누가복음 23장 16절에 보면 빌라도가 예수에게 채찍질을 명령할 때 사용한 단어가 파이데우오(παιδεύω)인데, 교육이라는 단어의 동사형입니다. 한자어로 편달(鞭撻)입니다.

4. 결론: 원시종교에서 벗어나기

율법이란 복음이 올 때까지 유효기간이 정해진 감시 관리자였습니다. 하지만 이 관리자는 사람을 살리는 방향으로 이끄는 역할을 한 것이 아니라 하지 말아야 할 것을 제한하는 감시자였습니다. 오늘날 역시 법을 잘 준수하는 일은 언제나 "어떤 일을 하면 안 된다"는 제한적인 울타리 안에 머무는 것을 의미합니다. 하지만 그 어떤 법도 "이웃에게 자비와 사랑을 베풀어야 한다"고 규정하지 않습니다. 어른을 공경하라는 것도 법은 아닙니다. 그래서 율법이나 법은 "하지 말라!"는 금지명령에서 벗어날 수 없습니다.

반면에 복음은 전혀 반대의 말을 합니다. 서로 사랑하라, 용서하라,

---

9 루터는 개인 교사인 율법이 하는 일은 "괴롭히고 매질하고 아무것도 가르치는 것이 없다"고 말한다(507). 그리고 이것을 자신이 과거 학교에서 배울 때 당한 일로 묘사하였다. 매를 맞으면서 엄청난 노력으로 열심히 공부하였지만, 단지 그들 중에 몇 학생만 무언가 성취하였다고 한다. 숙련되지 못한 선생은 아무것도 가르치지 못하고 매질만 한다. 율법도 역시 매질로 우리를 그리스도에게로 몰아간다는 것이다.

감사하라, 기뻐하라 등등 자발적으로 해야 할 일들을 가르쳐줍니다.
그래서 자유와 성숙이 없는 감금 상태의 법 지배를 받는 사람은 여전히
원시종교의 울타리 안에 갇혀 있는 것입니다.

율법 지상주의의 유대교 교사들은 갈라디아교회에 찾아와서 예수
와 그의 복음을 다시 율법 아래에 가두어 두려고 하였습니다. 새 술은
새 부대에 담아야 하는 것인데, 낡은 부대에 담으려고 하니 찢어질
수밖에 없었습니다. 예수는 좁디좁은 유대교 율법의 울타리를 허물고
세상을 크게 울리며 터져 나온 큰 파도인데, 이미 온 세상에 넘실거리는
바다와 같은 물을 율법주의 안에 도로 주워 담으려는 갈라디아교회
거짓 교사들이 하려던 일이 이 땅에 사는 우리에게도 남의 일 같지
않아서 마음이 무겁습니다.

그래도 마음을 조금만 더 열고 신앙의 울타리를 넓혀가다 보면,
시원한 자유의 바람을 가져다주는 복음의 참맛을 보게 되리라고 기대합
니다.[10]

---

10 이 대목에서 루터가 남긴 말을 소개하고 분명하게 설명해야 할 것 같다. 왜냐하면 오늘
날 루터의 칭의 교리 때문에 행위가 없다는 오해를 심하게 받고 있기 때문이다. 예수
그리스도께서 대속적인 죽으심으로 우리의 모든 죄를 단번에 철폐하였다고 말하면,
당장 돌아오는 반문이 "그러면 이제부터 복음을 귀담아들을 필요가 없지 않느냐?"
또는 "성례전과 사죄선언은 무슨 필요가 있느냐?" 같은 것들이다. 루터는 여기서 분명
히 말한다. 그리스도께서 죄를 사했다는 것은 사실이지만, "그리스도는 아직 우리에
게 오시지 않으셨다. 아직도 우리 속에는 죄가 있다. 그리고 우리는 온전히 발효되지
못했다. 정욕, 마음의 슬픔, 죽음의 두려움 그리고 이런 것들이 있는 곳에 율법과 죄가
여전히 현재하기 때문이다." 그리스도가 오셨을 때, 두려움과 슬픔을 완전히 몰아내
고 양심에 평화와 안전을 가져오신다. 그래서 자신이 믿음으로 그리스도를 붙드는
만큼 나에게 율법은 철폐된다. 자신의 심중에 있는 '내 믿음의 작은 불꽃'이 온몸에

퍼지기를 소원하지만, 그것은 이제 시작하였을 뿐이다. 우리에게 주신 성령의 첫 열매가 이제 발효되기 시작한 것이니, 온전히 발효될 때 우리는 그리스도와 더불어 새로 일어난다(513). 여기서 분명히 드러나는 것이 믿음으로 의롭게 되었다는 선언의 진정한 의미다. 우리의 구원은 이미 받은 것인 동시에 완성을 향해 가는 중이다.

12장
네 번째 증명(1): 세례란 무엇인가
(갈 3:26-29)

이제 네 번째 증명이 시작됩니다. 율법이 아니라 하나님의 약속을 믿는 것에 구원이 속한다는 논증입니다. 이 증명은 4장 11절까지 이어지는데, 이 대목을 다시 세 가지로 나누면, (1) 세례 논증, (2) 상속자, (3) 다시 노예로 구분됩니다. 이 네 번째 논증은 '그리스도교 전승의 시작'이라는 큰 이름을 붙이면 좋겠습니다. 다시 말하면 이전 유대교와 그리스도교가 어떻게 다른지를 논증하는 것입니다.

1. 그리스도 안에서 하나님의 자녀(3:26)

여러분은 모두 그 믿음으로 말미암아 그리스도 예수 안에서 하나님의 자녀들입니다(갈 3:26).

유대인들이 아브라함의 혈통적 자손으로 하나님의 선택받은 백성이라고 주장할 때, 바울의 대응은 자신들은 그리스도 예수를 믿음으로 하나님의 자녀가 되었다고 반박하는 것입니다. 유대인들이 내세우는 증거가 율법이라면, 바울이 내세우는 증거는 그리스도입니다.

여기서 아브라함의 자손이라는 유대인들의 제1원칙이 가려지고, 하나님의 자녀라는 더 높은 그리스도교의 원칙이 제시되는 것입니다. 마치 유대인들이 "우리는 아브라함의 자손이요"라고 자신을 내세울 때, 그리스도인들은 "그렇다면 우리는 하나님의 자녀요"라고 맞대응하는 것과 같습니다.

앞서 언급한 것처럼 모세는 율법을 중개한 사람입니다. 아브라함도 하나님의 백성이 되는 혈통적인 중개자입니다. 그런데 그리스도인은 그리스도로 말미암아 직접 하나님의 자녀가 되었다는 것입니다. 직역하면 "예수 그리스도 안에 있는 믿음을 통하여"(through faith in Jesus Christ) 하나님의 자녀가 되었다는 말속에서 종교개혁자 마르틴 루터의 '이신칭의'(justification through faith) 신학의 뿌리를 발견할 수 있습니다.[1]

---

1 루터는 이 대목에서 "비록 율법이 너희를 괴롭히고 겸손하게 하고 죽였다고 해도, 율법이 너희를 의롭게 한 것이 아니다. 율법은 너희를 하나님의 아들들이 되게 하지 않았다. 믿음이 그렇게 하였다. 어느 믿음인가? 그리스도 안에 있는 믿음이다. 그러므로 율법이 아니라 그리스도 안에 있는 믿음이 하나님의 아들들을 창조한다. '믿는 자들에게는 하나님의 자녀가 되는 권세를 주셨으니'(요 1:12)"라고 말한다(514).

그리스도를 믿는 믿음이라는 것은 세례를 받을 때 요구되는 신앙고백이었습니다. 그러므로 그리스도교의 세례 의식은 그리스도를 믿는다는 고백 위에서 행해진 것이며, 하나님의 자녀가 되는 길입니다. 그래서 지금 바울은 갈라디아 교인들에게 "당신들이 세례를 받은 것은 그리스도를 믿는 믿음에 근거한 것이고, 그래서 이미 하나님의 자녀가 되었는데, 더 이상 무엇이 필요하다는 것입니까?"라고 되묻고 있는 것입니다. 유대교 율법은 이미 그 역할을 마쳤다는 것입니다.

2. 우리가 입은 옷(3:27)

여러분은 모두 세례를 받아 그리스도와 하나가 되고, 그리스도를 옷으로 입은 사람들이기 때문입니다(갈 3:27).

이 대목의 번역도 이해를 돕는 의역입니다. "그리스도와 하나가 되었다"는 말이 원문에는 "그리스도 안으로 세례받았다"(You are baptized into Christ)라고 되어 있습니다. 지금은 세례를 베풀 때 머리에 물을 흘리는 관수례(灌水禮)를 행합니다. 하지만 뱁티즘은 원래 요단강 물에 잠기는 것으로서 아마 겉옷은 다 벗어버리고 최소한의 옷만 걸치고 강물 속으로 들어갔을 것입니다. '물속으로'(into the water)라는 세례 의식이 '그리스도 안으로'라는 말속에서 연상되지 않습니까?

겉옷들을 벗어버린다는 것의 의미는 옛사람과 옛사람의 행실을 버리는 것을 의미합니다.2 과거의 '나'는 죽은 것과 마찬가지입니다. 그것이 "그리스도 안으로 세례를 받는다"는 말의 의미입니다. 새번역에서 "그리스도와 하나가 되었다"고 번역했고, 개역성서에서는 "그리스도와 합하였다"고 번역하였습니다. 만일 우리가 그리스도와 합하였다면, 누구의 정신이 더 강하게 남아 있겠습니까? '나'일까요? 아니면 '그리스도'일까요?

실상 우리 안에서 그리스도의 정신은 날마다 나의 욕심과 싸움을 벌입니다. 우리가 세례를 받아 그리스도와 합하였는데, 내 속에서 그리스도와 내가 싸운다고 표현하는 것이 어색하게 들릴지 모릅니다. 저는 '솔직하게' 그리고 '예민하게' 말씀드리고 싶습니다. 그리스도를 믿고 세례를 받아 구원받는다는 교리적인 과정만 중요하게 생각하는 사람은 평생을 착각하며 살기 쉽습니다. 자기가 원하는 대로 이루어지는 것이 다 그리스도 덕분이라고 말입니다. 그런 경우에는 자신과 그리스도가 자기 속에서 싸우지 않습니다.

그런데 그리스도의 가르침과 그분의 삶을 깊이 묵상하는 그리스도인이라면, 당신을 따르라고 하신 명령 때문에 항상 노심초사하며 살게 됩니다. 가르침을 받은 대로 사는 것이 쉽지 않을뿐더러, 언제나 양보하고 손해 보는 일이 많고, 자기를 희생해야 하는 일도 생기며, 정직하고

---

2 루터는 이 대목에서도 율법과 복음을 비교한다. 율법에 의하여 "주 예수 그리스도를 옷 입는다는 것은 그리스도의 본과 덕을 닮는 것이고, 그의 고난을 따르는 것이다." 반면에 복음에 의하여 그리스도를 옷 입는 일은 "본받는 것이 아니라 새로운 탄생과 새로운 창조"이고 "그의 무죄함, 의, 지혜, 능력, 구원, 생명 그리고 성령을 옷 입는 것이다"라고 한다(515).

솔직한 것 때문에 피해를 보는 경우도 많습니다. 그래서 잘못한 것이 마음에 남아서 늘 반성하는 마음이 크게 남게 마련입니다.

그리고 정의로우면서 동시에 자비롭기는 또 얼마나 어렵습니까? 내게는 힘이 없는데, 권력 앞에서 당당하면서도 겸손하기는 또 얼마나 힘듭니까? 예수는 그렇게 살았고, 우리를 그 길로 따르라고 하시는데 말입니다.

세례받고 물 밖으로 나오는 사람은 과거의 자기를 죽이고 새로운 삶을 사는 그리스도인입니다. 갈라디아서는 그런 사람은 "그리스도를 옷으로 입었다"고 표현합니다. "옛사람을 그리스도라는 옷으로 가렸다"고 보는 것이 실제적이라고 생각합니다. 왜냐하면 종종 과거의 모습이 튀어나오기 때문입니다. 옷을 입는다는 것은 자신을 가리는 일이기도 하지만, 자신을 보호하는 것도 됩니다. 그래서 그리스도인의 보호자는 그리스도입니다. 그런데 우리는 종종 다른 것으로부터 보호받기를 바라면서 살지요. 그것도 우리의 현실임에는 분명합니다.

하지만 그리스도인은 압니다. 내가 힘들고 어려워서 절망하고 실족하려 할 때 결국 나를 지켜주시는 분이 그리스도라는 사실을 말입니다. 그리스도인은 자신의 방식대로가 아니라 그리스도를 통하여 일을 이루어 가시는 하나님의 방식으로부터 위로를 받고, 다시 용기와 희망 그리고 만족을 얻을 수 있기 때문입니다.

3. 차별 없는 믿음(3:28)

유대 사람도 그리스 사람도 없으며, 종도 자유인도 없으며, 남자와 여자가 없습니다. 여러분 모두가 그리스도 예수 안에서 하나이기 때문입니다(갈 3:28).

28절을 읽으면서 느끼는 것은 '차별'이 있었다는 사실입니다. 그 당시 여성과 종 그리고 이방인은 유대 사회에서 차별 당하였습니다. 그런데 예수를 믿는 믿음에는 차별이 없습니다. 그중 바울의 관심은 유대인과 이방인 사이의 차별인데, 그 차별의 기준이 바로 '율법'입니다. "율법을 가졌느냐? 아니면 무(無)율법이냐?"라는 구별이 세례로 말미암아 완전히 사라지게 된 것입니다.

만일 바울이 자기가 유대인이기 때문에 율법을 고수하려고 하였으면 어찌 되었을까요? 그리스도교는 보편적인 종교가 되지 못하였을 것입니다. 유대교로 편입되어 사라져 버렸거나 아니면 유대교의 한 분파, 예를 들면 '나사렛파' 또는 '예수파' 정도로 남았겠지요.

여기서 종과 자유인의 구별도 없다고 한 말은 사실 상당한 사회적 파장을 일으킬 만한 표현입니다. 물론 여기서 바울이 단순히 '노예 해방'을 선언하려 한 것은 아닙니다. 골로새서 3장 22절에 보면 "종으로 있는 여러분, 모든 일에 육신의 주인에게 복종하십시오"라고 표현한 것을 보아도, 아직은 그리스도인 사이에서도 신분 관계가 존재했던 것이 분명합니다. 그러니 종과 자유인의 구별이 없다는 이 '선언'은

'해방'의 메시지를 담고 있습니다.

미국의 남북전쟁 때 남부의 교회는 노예제도를 지지하고 소유한 반면에, 북부의 교회들은 노예 폐지를 찬성하였습니다. 그래서 미국의 남북 교단이 분열한 것입니다. 하지만 세월이 지나 '노예'는 이제 사라졌습니다. 이것이 시대 변화의 흐름입니다. 그래서 역사는 그 흐름에 따라 흘러가야만 합니다. 그러므로 사람이 사람을 지배하고 군림하고 종처럼 부리는 일은 결코 없어야 합니다.

아직도 여성 목사 안수를 금지하는 교단들이 제법 있습니다. 특히 우리나라가 그렇습니다. 뿐만 아니라 우리 교단 안에 여성 담임목사의 수는 매우 적습니다. 교단총회 1,500명의 대표 가운데에도 여성의 숫자는 미미합니다. 전체 교인 가운데 여성이 훨씬 더 많고 봉사활동도 더 많이 하는데 말입니다.

4. 세례는 상속 자격입니다(3:29)

여러분이 그리스도께 속한 사람이면, 여러분은 아브라함의 후손이요, 약속을 따라 정해진 상속자들입니다(갈 3:29).

여기서 아브라함의 자손이라는 것은 혈통을 말하는 것이 아닙니다. 믿음의 조상을 뜻하는 것입니다. 그런데 이 문장의 조건절이 중요합니다. "여러분이 그리스도께 속한 사람이면"이라는 내용입니다. 원문은 만일(if)이라는 말로 시작합니다. 그 말의 의미는 제게 이렇게 다가옵니다. "당신은 당신 스스로를 그리스도의 소유라고 분명하게 확신하고 있습니까? 만일 그렇다면"이라고 말입니다.

가톨릭 사제서품을 받을 때 사제가 되는 사람들이 십자가에 달리신 주님을 바라보며 그렇게 말합니다. "나는 당신의 것입니다." 그런데 갈라디아서에서는 모든 그리스도인에게 해당하는 말로 나옵니다. 우리가 그렇게 자신 있게 말할 수 있을까요? "나는 당신의 것입니다"라고 말입니다. 그리스도인이 그리스도를 소유하는 것이 아니라 그리스도께서 그리스도인을 소유한 것이라면, 우리는 그리스도를 향하여 요구만 하는 기도를 할 수 없을 것입니다. "나는 당신의 것이니, 긍휼히 여겨 주십시오"라는 기도 외에는 말입니다.

'상속자'가 된다는 말로 29절은 끝납니다. 도대체 무엇을 물려받는다는 것인지는 4장에 들어가서 더 살펴보도록 하겠습니다.

13장
네 번째 증명(2) : 상속자들
(갈 4:1-7)

1. 어릴 때는 종노릇(4:1-3)

내가 또 말합니다. 유업을 이을 사람은 모든 것의 주인이지만, 어릴 때에는 종과 다름이 없고, 아버지가 정해 놓은 그 때까지는 보호자와 관리인의 지배 아래에 있습니다. 이와 같이, 우리도 어릴 때에는, 세상의 유치한 교훈 아래에서 종노릇을 하였습니다(갈 4:1-3).

1절과 2절은 일종의 비교의 예를 든 것입니다. 아무리 '유업을 이을 사람', 즉 '상속자'라고 하더라도, 아직 그 자격이 갖추어지지 않았을 때는 상속을 받지 못하는 '종'과 다름이 없다고 합니다. 뿐만 아니라 나이가 찰 때까지는 누군가의 관리와 감독을 받아야 합니다. 바울이 이런 예를 들며 시작한 이유는 그 다음절 3절을 강조하기 위함입니다.

아무리 우리가 [그리스도인이] 상속자라고 하더라도, 때가 될 때까지 '세상의 유치한 교훈' 아래에서 종노릇하였다는 것입니다. 이 둘을 비교해 보면 서로 매우 유사합니다. 새번역 성서에는 이 대목에 각주가 달려 있습니다. 여기서 '세상의 유치한 교훈'이란 '세상의 원소들, 세상의 세력들, 세상의 자연력, 우주의 원소들의 힘, 기초적 원리들, 자연숭배, 원시종교' 등등으로도 번역할 수 있다고 기록해 두었습니다. 원문을 보면 '세상의 기초적인 원리 아래'(under the basic principle of the World, ὑπὸ τὰ στοιχεῖα τοῦ κόσμου, 휘포 타 스토이케이아 투 코스무)라고 되어 있습니다.

'스토이케이아'라는 말은 단지 '기초적 원리'일 수는 있지만, '유치하다'라는 뜻은 문자적으로 없습니다. 우리말 개역성서에서는 '초등학문'이라고 번역하였습니다. 그리고 각주를 달아서 '고대의 우주관과 운명론 등'이라고 해설을 붙여 놓았습니다. 대부분의 해설 성서들이 이와 비슷한 설명을 하고 있습니다.

하지만 그리스 철학 사상이 근현대 철학의 근간이며, 그리스도교 사상도 고대 그리스 철학자들의 영향을 받아 성장한 것을 아는 사람이라면, '초등학문'이나 '유치한'이라는 말을 그리스 철학 전체에 붙일 수 없다는 것을 눈치챌 수 있을 것입니다. 더구나 '세상의 지식' 전체를 폄하하고 성서와 기독교의 교리를 무조건 우선시하는 방식의 해석이 얼마나 위험한지도 알 수 있습니다. 그래서 그 당시 바울이 무슨 생각으로 이런 말을 했는지 그 이유를 먼저 살펴보고, 그 후에 우리가 읽고

있는 이 말씀의 현대적 의미를 찾는 것이 필요합니다.[1]

물론 바울의 의도는 분명합니다. 세상의 기초적인 원리라는 것은 미성년들에게나 유효한 것이라는 말속에는 머리가 다 자란 성인들에게는 해당되지 않는다는 뜻이 담겼습니다. 그런 점에서 유치한 교훈 또는 초등학문이라는 번역은 틀렸다고 할 수 없습니다. 하지만 문제는 그리스도교적인 사상이 그리스 철학 사상과 비교하여 어떤 점에서 우월한지 바울은 논증해야만 합니다.

바울의 다른 의도가 숨겨져 있는데, 그것은 기초적 원리라는 말 가운데는 우선적으로 유대교의 율법이 포함되었다는 점입니다.[2] 어쩌면 바울이 지적하는 유치함은 율법을 겨냥한 것인지도 모릅니다. 그래서 세상의 기초적 원리라는 것은 율법을 포함하는 '헬라 문화 속의 저급한 사상들'이라고 보는 것이 합리적입니다. 그러므로 아직 다 자라지 못한 미성년의 시기에는 저급한 사상의 지배 아래에서 살았지만, 이제 어른이 되었으니 당연히 속박을 깨고 나와서 성숙한 사상을 가져야 한다는 것입니다.[3] 어떻게 하면 되는지 다음절에 나옵니다.[4]

---

1 지금으로부터 500년 전 루터는 이 대목을 자기 시대에 맞추어 해석하였다. '세상의 유치한 교훈'에 해당하는 것들을 열거하였는데, 음식, 음료, 의복, 지정한 장소, 시간 설정, 성전, 축제, 성결 의식, 제사와 같은 것들이라고 하였다. 세상적인 것들이며 현세의 생활을 위해서 하나님이 지정하신 것이지만, 이것들은 구원의 방편이 아니다(532).

2 루터는 먼저 "모세가 와서 우리를 붙들고 감금하고 사로잡아, 우리의 유산을 지배하거나 통제하거나 소유하지 못하도록 방지하였다"고 말하며, 세상의 유치한 교훈이 율법임을 암시하였다(527). 그러고 나서 "율법은 농노와 포로들처럼 잔인한 노예제도로 우리를 지배하고 억압하였다"고 한다(528).

3 루터는 말하기를, 상속자는 아버지의 전 재산을 소유할 사람이며, 상속에 대한 약속과

2. 그리스도의 영으로 말미암아(4:4-7)

그러나 기한이 찼을 때에, 하나님께서는 자기 아들을 보내서서, 여자에게서 나게 하시고, 또한 율법 아래에 놓이게 하셨습니다. 그것은 율법 아래에 있는 사람들을 속량하시고, 우리로 하여금 자녀의 자격을 얻게 하시려는 것이었습니다. 그런데 여러분은 자녀이므로, 하나님께서 그 아들의 영을 우리의 마음에 보내 주셔서 우리가 하나님을 "아빠, 아버지"라고 부를 수 있게 하셨습니다. 그러므로 여러분 각 사람은 이제 종이 아니라 자녀입니다. 자녀이면, 하나님께서 세워 주신 상속자이기도 합니다(갈 4:4-7).

앞서 어린아이였을 때는 세상의 기초적인 원리의 종노릇을 한다고 하였습니다. 다 자라서 성인이 되었을 때 상속자의 역할을 제대로 하게 된다는 것인데, 4절에서 바울은 그때가 어떤 때인지 설명합니다. 그저 나이를 먹어서 자연스럽게 오는 시간이 아닙니다. 그때는 시간이 완성되는 때입니다. 그러니까 자연스럽게 정해진 시간이 아니라 하나님이 정하신 때인데, 그때가 바로 하나님께서 직접 당신의 아들을 보내신 때입니다.

축복을 가지고 있지만, 아직은 아버지의 권한 아래의 종이다. 여기서 해방될 때까지는 후견인이나 관리인에게 예속되어 있다고 한다. 해방(emancipation)이라는 말의 의미는 예속으로부터 독립하여 자신의 주권을 가지는 것이다(526).
4 루터는 거듭해서 자신이나 바울이 율법을 폄하하는 것은 결코 아니라고 말한다(533). 동시에 이런 구분을 한다. 의의 문제에 관해서는 율법을 경멸해서 말해야 하고, 의의 문제를 떠나서는 바울과 같이 존경을 가지고 율법을 생각해야 한다(534).

그런데 하나님의 아들은 놀랍게도 인간 여자의 몸에서 출생합니다. 4절에서 "여자에게서 나게 하시고, 또한 율법 아래에 놓이게 하셨다"고 번역했는데, 두 문장 동사가 같은 기노마이(γίνομαι)라는 단어입니다. '출생하다'라고 번역하지만, 원뜻은 '발생하다'입니다. 그러니까 하나님의 아들은 여자로부터 율법 아래에서 나왔다는 의미입니다. 여기서 그리스도교의 중요한 신학이 바울에 의해 선포되는 것입니다. 그것은 하나님의 아들이 인간 세상에 오게 된 경위인데, 다른 보통 유대인들의 출생과 똑같다는 것입니다.

그런데 5절은 이처럼 '보통의 출생'을 하나님의 아들이 하게 된 이유를 설명합니다. 율법 아래 있는 사람들을 속량해서 아들의 자격(명분)을 얻게 하려는 것입니다.[5] 여기서 '자격을 얻는다'라고 번역된 단어는 '양자됨'(adoption)을 의미합니다. 그러니까 하나님의 아들을 스스로 율법의 종의 상태로 이 땅에 오게 하여, 종노릇하고 있는 모든 사람을 해방시켜서 그들도 역시 하나님의 아들이 되게 한다는 의미입니다. '예수 그리스도 하나님의 아들 구원자'(ΙΧΘΥΣ, 익투스, 물고기)라는 초대교회의 신앙고백 상징을 다시 한번 생각하게 하는 대목입니다.

6절과 7절은 정확하게 갈라디아 교인들을 향한 바울의 권면입니다. 그런데 6절에서 바울은 갈라디아 교인들이 이미 '하나님의 자녀'라고

---

5 아들이 되는 명분을 얻으려면 명분을 받는 대가가 필요할 것이다. 루터는 아무런 공로도 없이 그 명분을 받았다고 말한다. 죄 아래 속박되고, 율법의 저주에 종속되고, 영원한 사망에 정죄 당한 인간이 세울 공로는 없다(547). 하지만 대가로서 공로는 필요하다. 그것은 하나님의 아들 예수 그리스도의 공로이다.

선언합니다. 다시 말하면 세례를 거쳐서 아들로 받아들여졌다는 것입니다. 그 이유 때문에 하나님께서는 당신의 아들(자녀)에게 두 번째 선물을 주시는데, '그의 아들의 영'(Πνεῦμα τοῦ Υἱοῦ αὐτοῦ)을 우리의 마음에 보내주신다는 것입니다.

생각해 보면 바울이 이 말을 하는 시점은 그리스도인들이 이미 예수와 직접 만날 수 없던 때였습니다. 바울 자신도 다메섹 도상에서 '예수 체험'을 한 것이지, 살아있는 예수와 직접 대화한 적은 없습니다. 그래서 사도의 자격 시비가 있었습니다.

그러므로 당시의 그리스도인들에게 아들의 영을 선물로 준다는 말은 중요한 의미를 가지고 있습니다. 하나님의 아들 예수 그리스도가 구원자로서 그를 믿는 사람들을 율법의 노예로부터 속량하여 같은 하나님의 아들의 자격을 갖추게 하려면, 당연히 아들의 영이 우리 마음에 들어와야 한다는 말입니다.[6]

그래서 우리 그리스도인이 하나님을 '아버지'라고 부를 수 있게 되었다는 것인데, 이것 역시 그리스도교 신학의 중요한 특징이 되었습니다.[7] 7절에서 바울은 말합니다. "이제는 종이 아니라 아들"이라고 말입니다. 그리고 이제 아들이라면 당연히 '하나님께서 세워 주신 상속자'입니다. 개역개정은 '하나님으로 말미암아 유업을 받을 자'라고 번역하였는데,

---

6 루터는 아들의 영인 성령을 받았다는 말은 우리가 믿고 사는 모든 일에 확신을 가지게 하는 근거가 된다고 거듭 강조한다(551).

7 성령이 우리가 하나님의 자녀임을 증거하시면, 우리의 약함과 공포 중에서도 우리는 마음에 힘을 얻는다. 아버지라고 부르는 말은 고통 중에 탄식하여 부르는 소리이다. "아바 아버지"라고 부르는 이 소리의 능력을 이길 자는 없다(557-559).

이것이 원문에 더 가깝습니다. 원문에서는 '하나님을 통하여'($\delta\iota\grave{\alpha}\ \theta\varepsilon o\tilde{v}$)라고 되어 있는데, 영어 번역 모두 through를 사용합니다. 그래서 '하나님을 통한 상속자'(an heir of God through)라고 번역하면, 어감상 우리가 하나님과 좀 더 친밀한 관계인 것이 느껴집니다.

3. 결론: 표층종교(表層宗敎)에서 심층종교(深層宗敎)로

바울이 당시의 '스토이케이아'를 어떤 의미로 사용했든 간에, 유치한 교훈 또는 초등학문으로 번역한 우리말 성서는 이런 사상들이 그리스도교 사상만 못한 것이라는 바울의 마음을 분명하게 반영한 번역입니다. 제가 하고 싶은 말은 바로 이 지점에서 시작됩니다.

바울이 편지글들을 통하여 자신이 믿는 예수 그리스도께서 하나님의 아들이시며 우리를 종노릇에서 해방시켜 주는 구원자라는 것을 밝히 설명하였습니다. 저급한 헬라 문화 속의 미신이나 유대교의 율법주의의 속박에서부터 해방시키는 역할을 담당한 것이 그리스도에 대한 믿음이라는 것입니다. 사실 희생 제사나 점성술, 마법 등등으로 표현되는 그 당시의 이교적 신앙들은 본질상 신이라고 할 수 없는 것들을 숭배하는 원시종교들이었습니다. 그런 점에서 우리는 그리스도교 신앙의 분명한 역할을 기억해야 할 것입니다.

그런데 바울의 가르침이 세상에 등장한 지 2,000년이 더 지났습니다. 그리스도교는 세상에서 사라지지 않고 지금까지 존속해 왔습니다.

가톨릭교회, 정교회, 여러 개신교 종파의 그리스도인 숫자를 더하면 그리스도 교인이 세상에서 가장 많습니다. 그런데 같은 그리스도교 안에서 벌어지는 전쟁과 분쟁과 지배와 속박의 역사도 2,000년을 함께 걸어왔습니다. 그래서 다시 이런 질문이 등장하는 것입니다. "그리스도교가 다른 종교보다 더 나은 것이 무엇이냐?"라고 말입니다.

바울이 세상의 기초적 원리를 넘어서서 더 성숙한 종교 사상을 제시하였다면, 오늘의 그리스도교 역시 이 세상의 저급한 행태들을 초월할 만한 신앙 양상을 드러내야 할 것 아니겠습니까? 그래서 사용하기 시작한 구분법이 바로 표층 종교와 심층 종교라는 대비법입니다. 어떤 종교든지 그 신앙의 심연으로 들어가지 못하고 껍데기에만 머무르는 것을 지적하는 것입니다. 오늘날의 종교 갈등 역시 마찬가지로 표층 종교와 표층 종교의 갈등과 충돌입니다. 한 편이라도 심층까지 내려간다면 불행한 분쟁은 일어나지 않을 것이기 때문입니다.

바울의 '스토이케이아'는 오늘의 그리스도인들에게 그리스도교 신앙의 심연으로 들어오라는 초청입니다. 우리에게 남은 시간 동안 말입니다. 그래서 하나님으로부터 아들 됨을 인정받는 사람답게 사는 기쁨을 누려야 하겠습니다.

14장
네 번째 증명(3)
: 우상 숭배로 되돌아가렵니까
(갈 4:8-11)

1. 하나님을 아는 지식(4:8-9)

그런데 전에는 여러분이 하나님을 알지 못해서, 본디 하나님이 아닌 것들에게 종노릇을 하였지만, 지금은, 여러분이 하나님을 알 뿐만 아니라 하나님께서 여러분을 알아주셨습니다. 그런데 어찌하여 그 무력하고 천하고 유치한 교훈으로 되돌아가서, 또다시 그것들에게 종노릇 하려고 합니까? (갈 4:8-9)

세례를 받아 이제 하나님의 아들로 인정을 받는 상속자가 되었다면, 그는 당연히 하나님을 아는 사람이 된 것입니다. 세례, 상속자, 하나님을 아는 지식, 이 세 가지가 바로 그리스도교의 핵심 사상이라는 것이 바울의 네 번째 논증입니다. 그래서 현대 그리스도인들에게도 같은 질문이 유효합니다.

(1) 첫 번째 질문은 이것입니다. "당신은 세례받았습니다. 옛사람은 죽고 새로운 사람으로 거듭났다는 것을 느끼십니까?"
(2) 두 번째 질문은 이것입니다. "그리스도로 말미암아 우리도 하나님의 아들로 인정받아 하나님의 상속자가 되었다면, 이제 어떻게 살아야 하는지 아십니까?"
(3) 세 번째 질문은 이것입니다. "그러면 하나님을 알게 된 것인데, 왜 자꾸 우상 숭배를 하려고 합니까?"

우리에게 "하나님을 안다"는 표현이 어떻게 들리십니까? 당연하게 들립니까? 아니면 생경(生硬)하게 들립니까? "하나님을 안다"는 표현은 신학에서는 보통 '신지식'(Knowledge of God)이라고 부릅니다.

요한 칼빈(Johannes Calvin)이 쓴 『기독교강요』 최종판은 네 권(Book)으로 구성되어 있는데, 제1권(Book I)의 제목이 "창조주 하나님을 아는 지식에 관하여"입니다. 『기독교강요』는 그리스도교를 이해하기 위한 핵심 사상들을 설명한 책으로, 초판은 1536년 27세의 나이로 출판하여 많은 사랑을 받았던 신앙 서적입니다. 율법, 믿음, 기도, 성례, 거짓 성례, 그리스도인의 자유라는 여섯 주제로 구분된 소책자였습니다.

1555년에 나온 최종판은 여러 차례 개정하여 아주 두꺼운 신학 서적이 되었습니다. 그래서 신론, 그리스도론, 성령론, 교회론의 큰 주제를 다루는 조직신학 책이 되었습니다. 그리고 그 내용이 오늘날 세계 개혁교회들의 신학적 기초가 되었습니다. 제2권(Book II)의 제목도 "하나님을 아는 지식"(Knowledge of God)입니다. 정확히 말하면 "구속주 하나님을 아는 지식에 관하여"입니다. 그래서 그리스도론이 되었습니다.

그래서 '하나님을 아는 지식'이란 매우 중요한 동시에 가장 기본적인 것입니다. 당연히 우리가 알아야 하는 것입니다. 그런데 앞서 그런 질문을 드린 이유는 우리가 과연 당연히 알아야 할 것을 제대로 알고 있는지 의심이 들기 때문입니다. 지금 바울이 갈라디아 4장 8-9절에서 갈라디아 교인들에게 묻고 싶은 말이 바로 그것입니다. 하나님을 제대로 알고 있느냐는 것입니다. 혹시라도 하나님을 안다고 하면서, 하나님이 알려주신 대로 아는 것이 아니라 자기가 알고 싶은 대로 잘못 알고 있는 것은 아닌지 생각해 보라는 것입니다.[1]

과거에 하나님을 알지 못할 때는 "본디 하나님 아닌 것들에게 종노릇하였다"는 바울의 선언 속에는 이제 하나님을 아는 사람들에게 던지는 '경고'가 숨어 있습니다. 8절과 9절에 '안다'는 단어가 각각 나오는데,

---

1 루터의 강의에도 비슷한 표현이 있다. "만일 내가 이 행위를 하면, 하나님이 나에게 자비를 베푸실 것이다. 내가 행하지 않으면, 하나님은 분노하실 것이다"라고 말이다 (580). 루터는 이런 생각이 우상 숭배라고 한다. 결국 자신을 기준으로 하는 신앙은 우상 숭배라는 뜻이다. 루터는 이런 것들을 인간이 상상해 낸 종교적 법령들과 연관 짓는다. 외적인 형식으로 사람을 의롭게 하려 한다면, 그것은 우상 숭배일 뿐이다.

먼저 8절의 '알지 못하다'는 말의 '안다'(οἶδα)는 눈으로 보고 안다는 뜻입니다. 누구나 눈이 있다면 보고 안다는 말입니다. 그 눈조차 없어서 하나님을 알지 못하니, 당연히 자기 눈에 '하나님이 아닌 것들'을 보고 그 아래서 종노릇하였다는 것입니다.

9절에 다시 나오는 "하나님을 안다"는 말에 사용한 '안다'(γινώσκω)는 "내가 직접 경험한다"는 의미입니다. 이것은 단순히 눈으로만 보는 것을 넘어서서 하나님에 대한 깊은 체험이 있다는 의미입니다. 여기서 '그노시스'(Gnosis), 즉 '영적인 지식'이라는 용어가 나왔습니다.

그렇다면 바울의 경고는 이런 의미입니다. 하나님을 안다고 하면서도 모르는 사람이 있다는 것입니다.[2] 이미 세례를 받고 하나님의 아들 자격을 갖추었는데, 여전히 하나님을 알지 못한다는 것은 말도 안 된다는 뜻입니다. 그러니 그렇게 되지 않도록 주의하라는 것입니다. 다시 말하면 말도 안 되는 경우가 충분히 발생할 위험이 있다는 것입니다. 그런 위험이 오늘날에도 상존한다고 생각합니다.

이런 표현이 가능할 것입니다. 미신과 신앙의 차이가 바로 자기가 보고 싶은 대로 하나님을 보면 미신이고, 하나님께서 보여주시는 것을 보면 신앙이라고 말입니다. 그렇다면 자기가 원하는 대로 이루어졌다

---

2 사람들은 하나님이 계시다는 것은 자연적으로 안다고 루터는 말한다. 하지만 하나님이 무엇을 원하는지 그리고 무엇을 원치 않으시는지는 자연적으로 알 수 없다. 만일 그런 상태로 하나님의 뜻을 알지 못한다면, 하나님이 계시다는 것을 안다고 해서 그것이 무슨 유익이 되겠느냐고 루터는 묻는다(584). 필자는 루터의 이런 주장이 매우 중요하다고 생각한다. 위의 본문에도 어느 정도 언급되었지만, 하나님의 뜻을 아는 일은 평생 과제로 삼아도 부족하다고 본다.

고 다 하나님 뜻대로 되었다고 말할 수도 없고, 자신이 원하는 대로 이루어지지 않았다고 해서 다 하나님 뜻이 아니었다고 말할 수도 없다는 결론이 나옵니다. 그래서 미신이 자기 생각을 관철시키려는 저급한 신앙이라면, 참된 신앙은 하나님께서 나를 어떻게 이끌어 가시는지 느끼고, 순종하고, 감사하는 것입니다. 그렇다면 그는 하나님을 경험한 것입니다.3

9절에서 또 주목하여 읽어야 할 대목이 "여러분이 하나님을 알 뿐만 아니라 하나님께서 여러분을 알아주셨습니다"라는 표현입니다. 읽다 보면 마치 우리가 하나님을 아는 것과 하나님께서 우리를 알아주신 것과 반반인 것처럼 느껴집니다. 원문을 직역하면 "지금은 하나님을 아는 것 그보다 더욱이(rather) 하나님에 의하여 알려졌다"입니다. 현대 주석가들은 그래서 이렇게 번역합니다. "그러나 지금은 하나님을 알아서, 더 정확히 [말하면] 하나님에 의해서 알려져서"4라고 말입니다. 즉, 우리가 하나님을 안다고 말하지만, 그것은 사실 하나님께서 당신을 우리에게 알려주셨다는 의미라는 것입니다.5

---

3 루터는 세상의 유치한 교훈으로 되돌아가는 것을 해설하면서, 율법으로 의로워지려는 모든 시도에 대한 경계를 늦추지 않는다. "율법에 의하여 의로워지려고 시도하는 사람은 빈 지갑에서 돈을 세는 것과 같고, 빈 접시와 컵을 놓고 먹고 마시는 것과 같고, 약함과 가난함밖에 없는 데서 힘과 부를 찾는 것과 같고, 이미 무너질 지경으로 억눌린 사람에게 짐을 지우는 것과 같고, 백 개의 금 조각을 소비하려고 하면서도 조금도 가지고 있지 않은 것과 같고, 벗은 사람에게서 옷을 벗기는 것과 같고, 병들고 궁핍한 사람에게 더욱 약한 것과 가난한 것을 부과하는 것 등과 같다"고 말한다(593).
4 Louis Martyn/ 김병모 옮김, 『앵커바이블 갈라디아서』, 697-698.
5 그래서 우리의 행위의 의나 율법의 의는 무용지물이다. 루터는 우리가 지닌 하나님에

우리가 지금 성서 공부를 하는 것도 하나님을 알아가는 과정입니다. 그런데 근본적으로 이 과정은 하나님께서 당신을 우리에게 알려주는 것입니다. 이 말은 인간이 쌓아가는 공부가 쌓여서 하나님을 아는 데 도달하는 것이 아니라 하나님께서 우리의 경험 속으로 직접 들어오실 때 공부의 완성은 이루어진다는 것입니다. 이 말을 오해해서 하나님이 알려주실 때까지 아무것도 안 하고 기다리는 것은 감나무 아래서 입 벌리고 기다리는 것과 똑같이 무지한 생각입니다. 그리고 갑작스러운 체험에만 의지하면 미신에 빠질 가능성이 높습니다. 그래서 신앙의 영역에도 줄탁동시(啐啄同時)가 중요하다고 생각합니다.

2. 우상 숭배에서 벗어나기(4:10-11)

여러분이 날과 달과 계절과 해를 지키고 있으니, 내가 여러분을 위하여 수고한 것이 헛될까 염려됩니다(갈 4:10-11).

날과 달과 계절과 해를 지키고 있다는 말은 헛된 절기 숭배를 경고하는 말입니다. 이것은 앞 절에서 유치한 교훈(스토이케이아)으로 되돌아가려고 한다는 구체적인 증거를 의미합니다. 갈라디아 교인들이 이미 '하나님을 아는 지식'을 지녔음에도 불구하고, 무의미한 종교적인 형식

관한 지식은 순전히 수동적인 것이라고 한다(587).

에 얽매이던 과거로 회귀하는 것을 안타깝게 여기는 바울의 심정이 강하게 드러나는 대목입니다. 오죽하면 자기의 수고가 헛된 것이 될까 염려하겠습니까?

절기에 대한 구체적인 언급은 없지만, 대체로 이런 것들이라고 합니다. 안식일, 초하루, 속죄일, 유월절, 초실절 같은 유대교의 절기들입니다. 물론 이방 문화 속에 남아 있는 자연 숭배 등등도 여기에 포함됩니다. 별들의 운행을 관측하고 그에 따른 계절의 변화에 맞추어 등장하는 절기들을 경축하는 것은 하나님께서 만드신 자연 세계의 법칙에 순종하며 예를 갖추는 것처럼 보입니다. 그런데 바울은 9절에서 이런 유치한 교훈들이 무력(약)하고 천하기(무가치하기)까지 하다고 합니다.

그래서 바울의 주장은 '수준 낮은 숭배 의식'에서 벗어나서, 이런 절기들조차 창조하신 '하나님에 대한 참다운 인식'의 수준으로 올라가야 한다는 것입니다.[6] 어떻게 하면 될까요? 사실 자신의 신앙이 낮은 수준에 있다는 것을 인식하기 참 어렵습니다. 왜냐하면 겉으로 드러나는 종교적인 열심이 신앙 수준 측정 기준이라고 생각하기 때문입니다. 물론 그럴 수밖에 없습니다. 우리 눈에 보이는 것은 외모뿐이기 때문입니다. 만일 외적인 면에서조차 수준 미달이라면 내적인 면은 더 볼

---

6 루터는 이 문제를 주일, 성탄절, 부활절 그리고 여러 비슷한 축일을 지키는 것과 비교한다. 하지만 바울의 말은 절기를 지키는 것 자체가 아니라 그 절기에 양심을 얽매는 것을 뜻한다고 하면서, 거짓 교사들과 교황주의자들이 동격이라고 한다. 루터는 로마 주교(교황) 빅토르 1세(189-198)가 부활절을 지키는 날짜가 자신들과 다르다고 하여 아시아 지역의 교회들을 파문한 역사를 언급하였다(600). 절기 지키는 일로 구원받으려 하는 것은 수준 낮은 믿음이다.

것도 없겠지요.

문제는 외적으로는 열심이 대단한데, 만일 자신의 속마음이 의심과 불신과 원망과 서운함으로 시끄럽다면, 그는 신앙으로 평화를 누리지 못하는 사람입니다. 저는 누가복음 10장 38절에 나오는 마르다와 마리아 이야기가 그 대표적인 경우라고 생각합니다.

마르다는 섬기는 열심이 있었습니다. 예수 일행 수십 명의 식사를 준비하는 것은 분명히 힘든 일입니다. 자기가 자청하여 시작한 일인데, 동생 마리아가 일을 돕지 않고 주님 곁에 딱 붙어 앉아서 말씀만 듣고 있자 속이 심히 불편했습니다. 그래서 주님을 원망합니다. "내 동생이 나 혼자 일하게 두는 것을 아무렇지 않게 생각하십니까?"라고 말입니다. 덧붙여 주님께 명령까지 합니다. "가서 거들어 주라고 내 동생에게 말씀해 주십시오."

여기서 '하나님에 대한 참다운 인식 수준'이 어떻게 관여하는지 제 생각을 말씀드리겠습니다. 날과 달과 계절과 해를 지키고 있다는 것은 개인이 아니라 갈라디아교회 전체를 대상으로 하는 말입니다. 그런 외적 숭배 행위를 전면에 내세우면, 억지로 그것을 따르는 사람들이 생겨납니다. 신앙적 강요가 등장한다는 말입니다. 강요하는 사람들과 그런 강요에 못 이겨서 어쩔 줄 몰라 하면서 따르는 사람들입니다.

마르다과 마리아 사이에 벌어진 일도 마찬가지입니다. 예수를 섬기는 데 마르다는 손님 대접을 최고로 생각합니다. 그런데 만일 마리아마저 대접 준비에 나서면, 예수님은 대화 상대를 잃게 됩니다. 반대로 아무도 식사 대접 준비를 하지 않고 모두 주님 곁에 둘러앉아서 말씀만 듣고 있다면, 그들은 나중에 무척 배가 고프게 될 것입니다.

주님의 대답은 자기 좋은 일을 하되, 강요하지 말고 서로 원망하지 말고 기쁨으로 하라는 것입니다. 하나님은 그런 분입니다. 우리 각자에게도 하나님 인식이 필요하지만, 공동체로 모인 우리에게도 참다운 하나님 인식이 필요합니다. 하나님께서 우리를 용납하셨듯이 서로를 용납해야 하는 것을 우리가 안다면, 바로 그것이 하나님을 아는 것입니다. 왜냐하면 하나님께서 당신을 우리에게 알려주신 그대로 우리도 하나님을 아는 것이기 때문입니다. 그것이 우리가 우리의 이웃 그리고 우리의 공동체 안에서 보여주는 '하나님을 아는 지식'입니다.

이 대목의 제목을 "우상 숭배에서 벗어나기"라고 정한 것은 눈에 보이는 우상을 말하는 것이 아닙니다. 자기 마음속에 만든 우상을 말하는 것입니다. '마음속 우상'이란 나의 옳음이 하나님의 옳음을 넘어서는 것을 의미합니다. 하나님께서 우리에게 자비를 베풀어주셨듯이, 우리도 서로를 용납하게 될 때 하나님께서 직접 일하실 틈이 우리 가운데 생겨납니다. 우리가 먼저 판단하고 먼저 결론을 내 버리면, 하나님은 영원히 침묵하실 수밖에 없습니다. 그래서 우리가 결론을 내고 발설하기 전에 잠시만이라도 하나님께서 내 마음에 말씀하실 시간을 가져야 합니다.

15장
다섯 번째 증명
: 우정(Friendship)과 연대(Solidarity)
(갈 4:12-20)

1. 처음 만났을 때(4:12-14)

형제자매 여러분, 내가 여러분과 같이 되었으니, 여러분도 나와 같이 되기를 바랍니다. 여러분이 내게 해를 입힌 일은 없습니다. 그리고 여러분이 아시는 바와 같이, 내가 여러분에게 처음으로 복음을 전하게 된 것은, 내 육체가 병든 것이 그 계기가 되었습니다. 그리고 내 몸에는 여러분에게 시험이 될 만한 것이 있는데도, 여러분은 나를 멸시하지도 않고, 외면하지도 않았습니다. 여러분은 나를 하나님의 천사와 같이, 그리스도 예수와 같이 영접해 주었습니다(갈 4:12-14).

바울이 갈라디아교회를 처음 세웠을 때 바울에게는 큰 역경이 있었습니다. '내 육체가 병든 것'이라고 바울이 말한 내용입니다. 바울의 질병이 무엇인지 정확하게 알려져 있지 않지만, 고대 사회를 염두에 둔다면, 고쳐지지 못할 몹쓸 질병 가진 사람이 하는 말을 신뢰하려고 하지 않았을 것이 분명합니다. 그런데 어찌 된 일인지 갈라디아 사람들은 바울을 배척하지 않았습니다.

사실 갈라디아에 바울이 머무르게 된 이유가 바로 질병 때문이었습니다. 질병 때문에 다른 지역으로 가지 못하고 1년 이상 갈라디아에 머물게 되었기에, 이 질병이 복음 전파와 교회 설립의 계기가 된 것입니다. 이럴 때 우리는 이렇게 말합니다. "뜻하지 않은 일을 통해서 하나님께서는 일하신다"고 말입니다. 고린도전서 1장 25절에서 "하나님의 약함이 사람의 강함보다 더 강합니다"라고 한 바울의 말을 생각해 보십시오. 이것은 신앙의 신비(mystery)입니다.

큰 질병을 가진 사람은 신의 저주를 받은 사람으로 간주되던 시대였습니다. 그런 사람이 하나님의 말씀을 전한다고 하면 믿어줄 사람이 있을까요? 물론 갈라디아 사람들의 마음속에 그런 유혹이 일어난 것은 분명합니다. 하지만 그들은 바울을 멸시하지도, 배척하지도 않았고 오히려 바울을 천사처럼 또 예수처럼 맞아들였습니다. 어떻게 그런 시험을 이겨냈을까요? 이것 역시 신앙의 신비(mystery)입니다. 바울의 말속에서 진리를 발견하고 감동 받은 것이 분명합니다.

여기까지는 참 좋았습니다. 이렇게 좋은 관계가 된 것을 바울은 12절에서 미리 말했습니다. "형제자매 여러분, 내가 여러분과 같이 되었으니, 여러분도 나와 같이 되기를 바랍니다. 여러분이 내게 해를 입힌 일은 없습니다." 바울은 유대인이면서 유대인처럼 사는 삶을 버리고 이방 사람들의 사도로 살았습니다. 그러니 갈라디아 사람들도 신앙에 있어서 바울을 본받으라고 요청하는 것입니다.[1] 그 뒤에 나오는 "여러분이 내게 해를 입힌 일이 없다"는 말은, 그때는 바울을 본받으며 제대로 살았다는 뜻입니다. 그런데 "왜 지금은 달라졌냐?"는 책망이 담긴 것입니다.[2]

"나는 너와 같이 되고 너는 나와 같이 된다"는 것은 우정(Friendship)의 극치입니다. 참된 친구들은 그들의 모든 운명을 함께 나누기 때문입니다. 신앙의 우정은 같은 신앙적 가치에 연대(Solidarity)하는 것입니다. 그렇게 하려면 가치판단을 할 줄 아는 성숙한 신앙의 단계에 올라가야 가능합니다. 그리고 신앙의 우정 행동이 사회 속에 거부감을 주는 것이 아니라 사회적 도움과 모범이 되어야 합니다.

젊은 시절 같은 가치관을 가지고 우정을 나누고 서로 연대했던 사람

---

1 루터의 해석은 좀 다르다. 루터는 이 대목이 "내가 너희를 대함과 같이 내게 대하라"라는 뜻이라고 한다(606). 그리고 스스로 그 뜻을 해설하기를, 바울이 갈라디아 교인을 심하게 꾸짖은 것은 용서의 의미이고, 바울이 한 말보다는 바울의 마음가짐을 보고 판단하라는 뜻이라고 한다. 엇나간 학생을 벌주는 교사도 학생을 잘되게 하려는 것이고, 환자에게 매우 쓴 약을 주는 것도 환자를 치료하기 위함이다(607).

2 루터는 이 대목에서 열광주의자들과 재세례파를 언급한다. 그들이 마치 처음에는 바울을 따르다가 거짓 교사들에게 넘어간 갈라디아의 교인들처럼, 열광주의자와 재세례파가 된 사람들도 처음에는 루터와 비텐베르크 종교개혁자들의 글을 읽고 동의하였다고 말한다(603-604). 루터는 바울의 갈라디아를 해석하면서 자기 시대를 예로 들고 그 시대의 현상을 해명하려고 시도하기 때문에, 오늘날 방식의 성서 주석이 아니라 일종의 설교적 성서 강해 형식을 띠고 있다고 보아야 할 것이다.

들이 나이가 들고 삶의 환경이 달라지면서 서로 다른 가치관을 소유하게
되는 경우를 종종 봅니다. 그런데 신앙이 그런 경우에는 문제가 됩니다.
사제가 될 때 땅바닥에 엎드려 "나는 주님의 종입니다"라고 서약했던
마음은 공허한 목소리만 남고, 개신교 종교개혁으로 인하여 한 명이었
던 교황이 도처에 셀 수 없을 정도로 불어났다는 비난이 가슴을 찌릅니
다. 그때는 엎드린 주님의 종이었는데, 교인 수가 불어나고, 교회 재정이
많아지고, 교계의 높은 자리를 차지하다가, 이제는 스스로 주님 노릇을
하려 한다면, 그 우정은 심하게 변질된 것입니다. 하나님도, 예수님도
그리고 바울도 똑같이 그대로인데, 갈라디아 교인들과 우리가 그 우정
을 버리고 변질된다면, 그 연대(Solidarity)는 유지될 수 없을 것입니다.
그래서 수구초심(首丘初心)이 생각납니다.

2. 원수가 되었다(4:15-16)

그런데 여러분의 그 감격이 지금은 어디에 있습니까? 나는 여러분에게 증
언합니다. 여러분은 할 수만 있었다면, 여러분의 눈이라도 빼어서 내게
주었을 것입니다. 그런데 내가 여러분에게 진실을 말하기 때문에 여러분의
원수가 되었습니까?(갈 4:15-16)

과거 갈라디아 교인들의 우정을 따르면, 그들은 바울에게 눈이라고
뽑아 줄 정도였다고 합니다. 신체 가운데 눈이 가장 소중한 것이라고

여겨지던 시대의 표현입니다. 가장 소중한 것을 내어줄 수 있을 정도의 우정이 사라진 것입니다.3 앞부분에 "그 감격이 지금 어디 있는가?"라는 질문이 좀 생경합니다. '감격'이란 단어(μακαρισμός, makarismos)는 영어로 blessedness입니다. 어떤 주석에서는 '칭찬'4으로 번역하기도 하고, 아주 의역해서 '의기양양한 기분'5이라고 번역하기도 합니다. 한글 개역개정판 성서에서는 '복'이라고 번역하였습니다. 팔복에 나오는 그 복과 어원이 같기 때문입니다. 하지만 맥락이 전혀 다르기 때문에 설명이 필요한 대목입니다.

"그런데 여러분이 느꼈던 그 '마카리스모스'는 지금 어디에 있습니까?"라는 말은 처음 복음을 듣고 감동 받아 환희에 찼던 그때 그 '행복한 심정'의 실종을 표현한 것입니다. 너무나 황홀해서 어쩔 줄 몰랐던 심정입니다. 어떤 주석에서는 마치 올림픽 우승을 한 경기자가 높은 시상대에 올라서 머리에 월계관을 쓸 때 바로 심정이라고 표현한 것을 보았습니다.6

그 뒤에 왜 이제 와서 바울을 '원수' 취급을 하느냐는 항변이 뒤이어 나옵니다. 우정이 변하여 적대감이 된 것이지요. 친구인 줄 믿었는데, 이제는 적이 된 것입니다. 그런데 우리는 '참된 친구'와 '아첨꾼'을 구별

---

3 루터도 이 대목에서 '우정'이라는 용어를 사용한다. 우정은 진리를 권고하기 때문에, 분노가 아니라 고마움으로 다가온다(618).
4 한스 디터 벳츠, 『갈라디아서』, 465-466.
5 루이스 마틴, 『갈라디아서』, 717.
6 한스 디터 벳츠, 『갈라디아서』, 466.

할 수 있을까요? 유일한 방법은 '말의 솔직함'(παρρησία, parresia)에 달려 있다고 봅니다. 이 단어는 마가복음 8장 32절에 나오는데, 예수께서 제자들에게 당신이 받게 될 고난에 대하여 '드러내 놓고'(παρρησία, parresia, openly) 말하였더니, 베드로가 스승 예수를 바싹 잡아당기며 꾸짖었다는 내용이 등장합니다.

'드러내 놓고' 말한다는 것은 모든 사람으로부터 검증을 받는다는 것이기 때문에 진위 여부, 즉 진실을 의미합니다. 그래서 바울이 항변합니다. "내가 여러분에게 진실을 말하기 때문에 여러분과 원수가 되었습니까?"라고 말입니다. 원수라는 번역도 조금 과하기는 합니다. 영어로 하면 enemy 정도입니다. 참된 친구는 진실을 말하면서 서로 공감합니다. 하지만 아첨꾼은 겉으로는 친구인 척 위장하지만 진실을 말하는 것을 싫어합니다. 그 아첨꾼이 만일에 권력을 가졌다면, 싫어하는 정도가 아니라 박해를 가할 것을 뻔한 일입니다.

예수가 진실을 드러내 놓고 말하니, 가장 가까이 있던 베드로가 예수를 바짝 당기며 꾸짖습니다. 그것이 현실이었습니다. 주님의 길을 베드로는 결코 원하지 않았던 것이지요. 상대방을 가까이하는 이유가 자기의 이익을 따내려는 것인데, 도무지 이익이 안 될 것 같은 말을 드러내 놓고 하니 꾸짖기까지 한 것입니다. 가룟 유다는 한 걸음 더 나가서 예수를 팔아 치웠습니다. 결국 주님은 십자가에 달리기도 전에 베드로에게 야단맞고 가룟 유다에게 배신을 당했습니다.

그래서 어쩌면 바울이 지금 갈라디아 사람들에게 원수 취급을 당하는 것은 '당연한 결과'인지 모릅니다. 진리가 드러나면 분쟁이 생기는 것입니다. 만일 진리 앞에 모두가 동의하고 순종하는 날이 온다면, 그것은 더 이상 인간 세상이 아닐 것이기 때문입니다.

3. 한결같아야 합니다(4:17-18)

위에서 내가 말한 사람들이 여러분에게 열심을 내는 것은 좋은 뜻으로 하는 것이 아니라 여러분을 내게서 떼어놓아서, 여러분으로 하여금 자기네들을 열심히 따르게 하려고 하는 것입니다. 그런데 그들이 좋은 뜻으로 여러분에게 열심을 낸다면, 그것은, 내가 여러분과 함께 있을 때뿐만 아니라 언제든지 좋은 일입니다(갈 4:17-18).

갈라디아교회에 들어온 교사들은 바울이 구원의 핵심을 일부러 감추었다고 거짓 소문을 내었을 것입니다. 그 '핵심'이란 바로 '율법'을 의미합니다. 거짓 교사들이 너무도 열심을 내어 설득을 하니 그 열정에 감격한 사람들이 많이 나오기 시작하였습니다. '좋은 뜻'($\kappa\alpha\lambda\tilde{\omega}\varsigma$, kalos)으로 하는 것이 아니라는 말은 '옳은' 것이 아니라는 뜻도 있고, '완벽한' 것이 아니라는 뜻도 됩니다.[7] 때로는 '선한'이라는 의미로도 사용됩니다. 그러니까 누군가 찾아와서 우리를 엄청나게 위하는 척 열정을 다하

---

7 루터는 좋은 뜻이 아닌 말을 "교묘하고 아첨하는 말"(롬 16:18)이라고 풀이한다(618). 그렇다. 아첨인지 못 느끼면 판단력이 부족한 것이고, 아첨인 줄 알면서도 기분 좋다고 느끼면 속물이다.

는데, 올바른 방향이 아니라는 것입니다. 그들이 그렇게 열정을 내는 이유는 우리의 방향을 돌려서 결국에는 자기들을 따르게 만들려는 의도 때문입니다. 사람들은 그런 것에 잘 속아 넘어갑니다. 무지하기 때문입니다.

열심을 낸다는 것은 무엇엔가 관심이 있고 목표가 있기 때문에 애를 쓰는 것을 의미합니다. 그런데 그 목적이 무엇인지가 중요합니다. 만일 어떤 사람으로부터 우정을 보여주는 우호적인 선대를 받았다고 합시다. 그러면 사람들은 그 순간 착각하기 시작합니다. 그런 선대를 나에게 베푼 사람은 선한 사람이라고 말입니다. 혹시라도 그 뒤에 감추어져 있을지 모르는 '속셈'은 생각하지 못합니다. 이해관계에 따른 주고받기에 불과한 일을 우정이라고 착각하면 안 되는데, 갈라디아 교인들이 그것을 모르고 넘어간 것입니다.[8]

그런데 사실은 대중들의 '천박한 사심'이 있었기에 가능한 일이었습니다. 나름대로 지위를 가진 두 사람이 만나 대화를 할 때, 정말 순수한 우정의 대화를 하는 경우와 반대로 상대방의 지위를 이용해서 이득을 취하려는 천박한 사심으로 하는 경우가 있습니다. 만일에 한 편이라도 순수한 우정의 대화를 한다면, 그 만남은 거기서 정리가 될 것입니다.

---

8 루터는 갈라디아 교인들이 거짓 교사들이 자기들을 깊이 사랑하는 줄로 믿었고, 그들의 경건한 열정에 감동 받았다고 말하면서, 거짓 교사들의 열정을 '경건한 탐심'이라고 불렀다(620). 이것은 경건을 가장한 자기 욕심일 뿐이다. 그래서 순진한 사람들은 사기꾼이 보여주는 불붙는 관심에 속아 넘어간다. 사람은 자신에게 잘 대해주는 사람을 좋아하게 마련이지만, 그 속마음이 자비인지, 아첨인지, 계략인지 구별하기 어렵다. 그래서 루터는 말한다. "그들의 정열로 쉽게 감동 받지 말라"(620).

갈라디아교회에 들어온 거짓 교사들의 잘못된 교훈을 분별하는 유일한 방법은 그들이 그리스도를 위하여 일하는지, 아니면 자신들의 당파를 위하여 일하는지 구분하면 되는 일이었습니다. 그리고 갈라디아 교인들이 바울과 함께 있을 때 복음을 듣고 마음에 감동을 받아 행복을 느꼈다면, 교사들이 와서 전하는 말도 그 행복한 감격을 증진시켜야 '좋은 뜻'이 유지되는 것입니다. 만일 그렇게 되었다면 갈라디아 교인들 곁에 바울이 있든지, 아니면 바울이 떠났든지 그들이 느낀 행복한 감격이 살아 있었을 것입니다. 그런데 어떻게 되었습니까? 갈라디아 교회에 혼란이 찾아오고 말았습니다.

솔직한 것 그리고 진실을 말하는 것을 이길 대적은 없습니다. 저는 그렇게 믿고 싶습니다. 비록 세상이 거짓에 더 마음을 쓴다고 하더라도 말입니다. 사람은 자기 마음에 드는 말을 들으면 거짓이라고 생각하지도 않고 그대로 믿는 경향이 있습니다. 그리고 검증도 하지 않은 채 들은 말을 또 다른 사람에게 전달합니다. 그것이 지금 우리가 사는 세상이고, 신앙의 영역 안에서도 똑같이 행해지는 일입니다.

우리 속에 자리 잡고 있는 천박한 사심만 내려놓아도 쉽게 판별할 수 있는데, 그렇게 하는 일이 쉽지 않은 모양입니다. 그래서 신앙인은 이익 앞에서 부끄럽지 않아야 하고, 진실 앞에서 한결같아야 합니다. 정말 진리가 무엇인지 판단하기 어려울 때는 침묵하고 기다려야 합니다. 바울이 지금 속상해하는 것이 바로 그 문제 때문입니다.

4. 다시 시작합시다 (4:19-20)

나의 자녀 여러분, 나는 여러분 속에 그리스도의 형상이 이루어지기까지
다시 해산의 고통을 겪습니다. 이제라도 내가 여러분을 만나 어조를 부드
럽게 바꾸어서 말할 수 있으면 좋겠습니다. 나는 여러분의 일을 어떻게
하면 좋을지 당황하고 있습니다(갈 4:19-20).

'해산의 고통'을 언급한 것은 어머니의 역할을 의미합니다. 그리고
다시 해산의 고통을 겪는다는 말속에서 '거듭남'에 대한 바울의 생각이
드러납니다. 그렇게 해야 '그리스도의 형상'이 그리스도인 가운데 회복
이 된다는 것입니다.

우리 안에 그리스도의 형상이 탄생한다? 멋지지 않습니까? 사실
이 개념은 초대교회의 영지주의 전통이 받아들였고, 중세에는 신비주
의 전통이 소중하게 발전시킨 개념입니다. 우리의 '영혼 안에 그리스도
의 탄생'이라고 말합니다.9

한동안 유행했던 말 가운데 '예수 닮기'라는 표어가 있었습니다.
그리스도인이라면 그의 삶이 예수를 닮아야 한다는 것입니다. 그러다
가 약간 변경한 것이 '예수 담기'입니다. 마음속에 예수를 담고 살라는
것입니다. 그것만 되어도 우리의 삶이 많이 달라질 것이 분명합니다.

---

9 루터는 바울이 마음의 형식으로 갈라디아 교인들을 다시 탄생시키려 한다고 해설한다
(627). 그리스도인의 마음 형식은 심령의 신뢰로서 그리스도를 붙들고 그에게만 매달
린다. 루터의 표현으로 하면, 그리스도인은 성령으로 낳았다(628).

그렇게 되려면 복음서를 깊이 이해해야 할 것이고, 예수의 가르침과 행적에 우리의 삶을 비추어보고 항상 반성하는 삶을 살아야 할 것입니다. 하지만 표어는 간결한데, 실상 우리 삶에 적용하기는 너무나 어려운 일입니다.

바울은 갈라디아 교인들에게 말합니다. 더 이상 강하게 말하지 않고 부드럽게 권면하고 싶은데, 지금 갈라디아 교인들의 상황이 그렇지 못하니 어쩔 줄을 모르겠다고 말입니다. 갈라디아교회도 문제였지만, 오늘날 우리가 더 문제라고 생각합니다. 그리스도의 형상이 교회 안에 형성되고 있는지 깊이 생각하고 또 생각해야 할 것입니다.

누구든지 또 어떤 교회이든지 자신들이 행해온 지금까지의 신앙 행위들이 문제가 있다고 생각할 사람은 아무도 없을 것입니다. 하지만 주관적이 아닌 객관적인 관찰자들의 눈에는 이상하게 보이는 것이 현실입니다. 비록 그 외부인들의 관찰과 비난이 다소 일방적이고 편파 적일 수 있지만, 그 원인 제공을 한 책임만큼은 교회가 져야 합니다. 어떤 한 교회가 한 잘못이라도 한국교회 전체가 감당해야 하고, 스스로 그런 비난에서 자유롭다고 생각하는 교회가 더 큰 책임감을 느끼고 행동해야 합니다. 바울이 지금 권면하고 싶은 것이 바로 그런 것이라고 생각합니다.

16장
여섯 번째 증명 : 사라와 하갈의 비유
(갈 4:21-31)

1. 율법을 모르는 율법주의자(4:21-23)

율법 아래에 있기를 바라는 사람들이여, 나에게 말해 보십시오. 여러분은 율법이 말하는 것을 듣지 못합니까? 아브라함에게 두 아들이 있었는데, 한 사람은 여종에게서 태어나고 한 사람은 종이 아닌 본처에게서 태어났다고 기록되어 있습니다. 여종에게서 난 아들은 육신을 따라 태어나고, 본처에게서 난 아들은 약속을 따라 태어났습니다(갈 4:21-23).

바울의 마지막 논증이 시작됩니다.[1] 핵심은 창세기 16-21장에 나

---

[1] 루터는 바울이 4장 20절로 편지를 끝내려고 했다고 주장한다(631-632). 직접 갈라디아

오는 하갈과 사라의 이야기가 의미하는 것이 무엇인지 해석하는 데 담겨 있습니다. 아브라함(아직은 아브람)에게는 두 아들이 있었는데, 본처인 사라(원래 이름은 사래)가 아이를 낳지 못하자, 그녀는 자기의 여종인 이집트 여인 하갈을 남편에게 보내어 아이를 갖게 합니다. 그런데 여종 하갈이 임신을 빌미로 주인 사래를 깔보았습니다. 남편에게 사래가 호소하자, 아브람은 하갈의 처분을 그녀에게 맡깁니다. 그래서 하갈은 사래의 학대를 견디다 못해 사막으로 도피합니다. 그런데 나이가 너무 많아 출산은 꿈도 꾸지 못하던 사래가 아들을 출산하게 됩니다. 그 아들이 바로 이삭입니다. 주의 사자가 아들을 낳게 될 것이라고 예언할 때 사래가 듣고 웃었기 때문에 아들의 이름이 '이삭'이 되었습니다.

바울이 갈라디아 교인들에게 말합니다. "나에게 말해 보시오! 당신들은 율법의 지배 아래 있으면서, 과연 그 율법이 무엇이라고 말하는지 알고 있습니까?" 이 말 가운데 '율법' 대신 '성서'로 바꾸어 넣어 보십시오. 그러면 바울이 지금 우리에게 하는 말이 됩니다. "그리스도인들이여 말해 보시오! 당신들은 성서를 그렇게 소중히 여기면서 그리고 성서 말씀이 하나님의 말씀이며 진리라면서, 그 성서가 우리에게 어떻게 살라고 가르치는지 알고 있습니까?"라는 말로 들리지 않습니까?

갈라디아 교인들에게 율법을 준수하여야 한다고 주장하는 거짓 교사들조차도 이런 내용을 몰랐을 것이라며 바울이 예로 든 이야기가

로 찾아가서 말하기를 원했기 때문이라고 하지만, 실상 사라와 하갈의 이야기를 우의적(allegory)으로 소개한 이 대목이 오히려 더 쉽게 이해가 된다.

창세기에 나오는 하갈과 사라의 이야기입니다. 앞서 말한 대로 이집트 출신 여종 하갈에게서 태어난 이스마엘은 '육신을 따라 태어난 아들'이고, 본처인 사라에게서 태어난 이삭은 '약속을 따라 태어난 아들'이라고 합니다. 여기서 하갈과 사라의 이야기가 '알레고리적인' 방식으로 해석됩니다. 그리고 '육신'과 '약속'이라는 두 가지 모형이 정립됩니다.[2]

2. 알레고리란 무엇인가(4:24-26)

이것은 비유로 표현한 것입니다. 그 두 여자는 두 가지 언약을 가리킵니다. 한 사람은 시내 산에서 나서 종이 될 사람을 낳은 하갈입니다. '하갈'이라 하는 것은 아라비아에 있는 시내 산을 뜻하는데, 지금의 예루살렘에 해당합니다. 지금의 예루살렘은 그 주민과 함께 종노릇을 하고 있습니다. 그러나 하늘에 있는 예루살렘은 종이 아닌 여자이며, 우리의 어머니입니다(갈 4:24-26).

알레고리(allegory)라는 영어는 헬라어에서 나왔습니다. 바로 지금 '비유'라고 번역한 헬라어가 알레고레오(ἀλληγορέω) '비유적으로 표현하다'라는 동사에서 나왔습니다. 본래는 알레 아고레우오(alle-agoreuo)라는 말이 어원인데, 그 의미는 '달리 무엇인가 말하다'

---

2 루터는 여기서 하갈의 임신 앞에는 아무것도 없었지만, 사래의 임신 앞에는 하나님의 약속이 있었다고 말한다(634).

입니다.

여기서 나온 다른 단어가 아고라(agora)인데, 들어보신 적이 있을 것입니다. 고대 그리스 도시 국가에서 시민들이 모여 집회를 열고 토론하는 광장을 의미합니다. 신약성서에도 나옵니다. 마태복음 11장 16절에서 예수님이 "이 세대를 무엇에 비길까? 마치 아이들이 장터에 앉아서, 다른 아이들에게 이렇게 말하는 것과 같다. 우리가 너희에게 피리를 불어도 너희는 춤을 추지 않았고, 우리가 곡을 해도 너희는 울지 않았다"(마 11:16-17)라고 하실 때 나온 '장터'가 바로 아고라입니다.

그러므로 알레고리라는 말은 "문자적으로 쓰인 것이 말하는 의미의 배후에 무엇인가 다른 것을 말하고 있다"는 뜻입니다. 하갈이 낳은 이스마엘과 사라가 낳은 이삭 사이의 갈등과 선택의 이야기 뒤에는 많은 것들이 감추어져 있는데, 그 비밀을 바울이 해설하겠다는 것입니다.

그래서 하갈은 아라비아의 시내산인데, 현존하는 예루살렘을 의미한다고 말합니다. 그 의미는 유대교의 본산이자 율법 규정에 얽매인 사람들이 모여 사는 예루살렘은 그 옛날 시내산 시절의 하갈과 같은 존재인데, 하갈은 종이었으므로 지금의 예루살렘 역시 도시와 주민 모두가 종노릇하고 있다는 것입니다.

반면에 '종이 아닌 여자', 다시 말하면 우리의 어머니는 지상의 예루살렘이 아니라 하늘에 있는 예루살렘이라는 것입니다. '종이 아닌 여자'라는 말은 개역개정 성서에서는 '자유자'로 번역하였습니다. 원문대로 직역하면 "위의 예루살렘은 자유로운, 즉 우리 어머니이다"로 번역할 수 있습니다. 사라는 종이 아니라 자유인이라는 것을 통해서, 지상의 예루살렘은 종노릇하게 시키는 율법주의의 지배 아래 허덕이고 있지만, 약속에 따라서 아들을 낳은 사라는 진정한 예루살렘이며 신앙의 어머니라는 말입니다.[3]

그래서 누구를 따를 것인지 생각해 보라는 것입니다. 율법주의의 지배로 인도하는 거짓 교사들을 따라 종의 도시인 예루살렘 아래로 들어갈 것인지, 자유를 상징하는 하늘의 예루살렘을 향하여 복음의 약속을 따라갈 것인지 선택하라는 요청입니다.

3. 이사야 예언자의 신학(4:27-29)

성경에 기록하기를, "아이를 낳지 못하는 여자여, 즐거워하여라. 해산의 고통을 모르는 여자여, 소리를 높여서 외쳐라. 홀로 사는 여자의 자녀가 남편을 둔 여자의 자녀보다 더 많을 것이다" 하였습니다. 형제자매 여러분, 여러분은 이삭과 같이 약속의 자녀들입니다. 그러나 그 때에 육신을 따라 난 사람이 성령을 따라 난 사람을 박해한 것과 같이, 지금도 그러합니다(갈 4:27-29).

여기서 '성경'은 이사야 예언서를 말합니다. 54장 1절 "임신하지

---

3 루터 역시 이 비유에서 하갈의 자식인 이스마엘은 아브라함의 외적인 혈통으로부터 나온 '율법'을 상징한다고 해석한다(638). 그리고 율법은 언제나 조건적이라고 한다.

못하고 아기를 낳지 못한 너는 노래하여라. 해산의 고통을 겪어 본 적이 없는 너는 환성을 올리며 소리를 높여라. 아이를 못 낳아 버림받은 여인이, 남편과 함께 사는 여인보다[4] 더 많은 자녀를 볼 것이다. 주님께서 하신 말씀이다"라는 이사야 예언서인데, 이사야 전체의 맥락을 따르면 54장은 제2이사야(40장-55장)에 해당하는 부분으로 바벨론 포로기의 암울한 상황에서 기록된 성서입니다. 그래서 '반전'(反轉)을 기대하는 내용이 많습니다. 현실은 고통스럽지만, 다시 회복하실 하나님을 기대하고 찬양하는 문서입니다.

사라의 나이가 많아서 출산이 불가능하다고 모두 생각하고 있었을 때, 하나님은 아들을 주겠다는 당신의 약속을 지켰습니다. 그 약속을 듣고도 사라는 믿기지 않아서 웃기까지 했습니다. 그래서 바울이 끌어들여 인용하는 이사야의 신학은 반전(反轉)[5]의 신학입니다. 어떻게 아이를 못 낳아서 홀로된 여인이 남편 있는 여인보다 더 많은 자녀를 볼 수 있겠습니까? 그래서 육신으로 낳은 것이 아니라 약속으로 낳은 아들이라는 표현을 사용하고 있는 것입니다.[6]

---

4 루터는 잉태하지 못하는 여인에 비교해서 자녀를 두고 있는 여인의 남편을 '율법'이라고 해석한다. 율법을 따르고 그 외적 행위를 행하면 의로워지는 줄 착각하는 사람이 많다는 뜻이다(646).

5 루터는 말하기를, 잉태치 못하고 황폐하게 된 자는 율법에 따르면 조소를 당하고 비난 받아야 하지만 성령이 이것을 뒤집는다고 한다(650). 성령이 다산하는 자를 저주받은 자로 선언하고, 잉태치 못한 자를 복된 자로 선언하는 반전이 의미하는 것은 율법과 행위를 가지지 못한 교회가 열국의 어머니로 약속된 사라이며, 하갈은 자손이 많아도 집에서 쫓겨났다는 뜻이다.

6 사라에 비유되는 것은 '참된 교회'라고 루터는 말한다. 교회가 설교하는 복음과 십자가

그런데 그 육신을 따라 난 사람이 성령을 따라 난 사람을 박해한다고 합니다.7 여기에는 유대교가 그리스도교를 박해한다는 의미가 담겼습니다. 갈라디아 거짓 교사들이 바울과 바울을 따르는 그리스도인들에게 해를 가하고 있다는 뜻도 됩니다. 가만히 보면 진리가 아닌 것이 진리를 깔고 앉아 주인 노릇을 하려고 한다는 의미입니다. 이런 일들은 지금도 도처에서 벌어지는 일입니다.

바벨론제국이 세계를 지배할 때 그리고 유다 왕국을 침략하고 백성들을 바벨론으로 끌고 가서 노예로 부릴 때, 유다 백성들은 무슨 생각을 했을까요? 바벨론에서 잘 먹고 잘사는 길이 없는지 생각했을 것입니다. 마치 이집트에서 살 때처럼 종살이라도 좋으니 굶지 않고 살면 만족하겠다고 생각했을 것입니다. 그때 예언자는 다르게 생각하고 다르게 말합니다. 주인도 아니고 진리도 아닌 것에게 굴복하지 말라고 말합니다. 그래서 성령을 따라 난 사람은 육신을 따라 난 사람들의 박해에 굴복하면 안 됩니다.

큰형인 이스마엘이 어린 이삭을 괴롭혔습니다. 형이 동생을 사랑해야지 괴롭게 해서는 안 되는데도 말입니다. 창세기 21장 9절에 보면 이스마엘이 이삭을 놀리는 것을 사라가 보는 장면이 나옵니다. 하갈이

는 율법과 행위만큼 빛나지 않기 때문에 이를 따르는 사람이 적다고 한다(647).

7 루터는 이 구절이 '강력한 위로'를 담고 있다고 단언한다. 그리스도교 역사는 언제나 그렇게 진행되었다는 뜻이다. 그러니 그리스도교의 본질을 지키다가 겪는 박해에 굴복하지 말라는 것이다. 믿음으로 의롭게 된다는 의의 교리의 중요성이 여기서도 강조된다. 동시에 거짓 그리스도인과 참된 그리스도인의 차이는 박해를 가하는 자인가, 아니면 박해를 참고 인내하는 자인가를 구별하는 데 달렸다고 말한다(656-657).

사라에게서 쫓겨났다가 이스마엘을 낳고 돌아와 함께 살았는데, 또다시 사라의 눈 밖에 난 것입니다. 그래서 아브라함이 자기의 고민을 아뢰자, 하나님께서 다시 하갈과 이스마엘(뜻: 하나님께서 들으심)을 바란 광야로 이주시키게 됩니다.

4. 자유인 그리스도인(4:30-31)

그런데 성경은 무엇이라고 말합니까. "여종과 그 아들을 내쫓아라. 여종의 아들은 절대로, 종이 아닌 본처의 아들과 함께 유업을 받지 못할 것이다"(창 21:10) 하였습니다. 그러므로 형제자매 여러분, 우리는 여종의 자녀가 아니라 자유를 가진 여자의 자녀입니다(갈 4:30-31).

하갈에게서 이스마엘을 얻었을 때 아브라함의 이름은 아직 '아브람'이었습니다. 아브람은 '존귀한 아버지'라는 의미이고, 아브라함은 '많은 사람의 아버지'라는 뜻입니다. 사래는 '귀하다'는 의미이고, 사라는 '공주'라는 뜻입니다. 아브라함으로 이름을 바꾼 것은 하나님과 언약을 맺고 할례를 받은 후입니다. 그리고 아브라함의 이름으로 사라에게서 아들 이삭을 얻었습니다. 이스마엘은 자연적인 능력으로 얻는 육신의 아들이지만, 이삭은 자연적인 능력이 상실된 후 약속에 따라 얻은 아들입니다. 바울은 이렇게 창세기의 이야기 속에서 자신만의 반전의 신학을 만들어 냈습니다. 여기서 바울은 우리에게도 요청합니다. 인간의 능력을 따를 것인지, 아니면 하나님의 능력을 신뢰할 것인지 말입니다.

종의 자녀로 종노릇하며 살 것인지, 아니면 자유의 자녀로서 살 것인지 바울은 선택하라고 합니다. 유대 그리스도교는 유대교 본산인 예루살렘에 자리를 잡고, 성전과 율법에 의지하는 옛 계약 백성들로 살기 원합니다. 그것이 바울의 눈에는 율법주의의 종노릇하는 종교로 보였습니다.

반대로 이방 그리스도교는 유대교에 기대지 않습니다. 그들은 그리스도를 따르는 새 계약의 백성들입니다. 그리스도가 누구인지, 어떤 일을 하셨는지 그리고 어떤 가르침을 남겼는지에 집중하는 종교가 바로 그리스도교입니다. 오늘 우리에게 하는 말로 바꾼다면 표층 종교에 머물러 살면서 형식주의의 종노릇 하지 말고, 그리스도교의 저 깊은 심연까지 이르도록 하나님과 예수에 대한 신뢰를 높여가라는 것입니다.

하갈과 사라의 관계에 대한 알레고리적인 해석을 통해서 우리는 율법과 복음의 관계를 이해하게 됩니다. 그것은 종과 자유인의 관계와 마찬가지이고, 오늘 우리 현대의 그리스도인들에게 하나님을 진정으로 신뢰하는 삶이 어떤 것인지 말해줍니다.

17장
유대교 율법에 대한 경고
(갈 5:1-6)

1. 자유롭게 하려고 자유를 주셨으니(5:1)

그리스도께서 우리를 해방시켜 주셔서, 자유를 누리게 하셨습니다. 그러므로 굳게 서서, 다시는 종살이의 멍에를 메지 마십시오(갈 5:1).

원문을 직역하면 "자유를 위하여 우리를 그리스도께서 자유하게 하셨다"입니다. 그래서 여기서 '자유'(ἐλευθερία, 엘류테리아)라는 말이 중요합니다. 그런데 "자유를 위해서 자유롭게 했다"고 하니, 여기서 자유는 그 '목적지'인 동시에 '결과'입니다. 그래서 위의 내용을 다시 번역하면 "그리스도께서 우리를 자유를 향하도록 자유롭게 만드셨다"입니다. 자유로운 사람만이 자유를 향하여 나아갈 수 있습니다.

종교개혁자 마르틴 루터(Martin Luther, 1483~1546)는 자기 가문의 독일식 이름인 Luder를 Luther로 바꾸어서 사용하였습니다. luther라는 단어는 *elutheria*(자유)라는 단어 속에서 끄집어낸 것입니다. 루터는 그렇게 자유를 갈망했고, 갈라디아서를 사랑하는 종교개혁 신학자가 되었습니다.

그런데 '자유'라고 말하면 어떤 규칙이나 규정 없이 자기 마음대로 누리는 자유로 착각하기 쉽습니다. 모든 사람이 그런 식으로 자유를 누리려고 하면 세상은 엄청난 혼란에 빠지고 말 것이기 때문입니다.[1] 그래서 '자유'란 반드시 '함께 자유'가 되어야 합니다. 다른 사람의 자유를 해치는 나만의 '혼자 자유'는 진정한 자유가 아닙니다. 이것은 평화의 개념에도 그대로 적용되어서 평화도 '함께 평화'가 되어야 합니다.

그리스도인에게 자유는 '그리스도인의 자유'입니다. 갈라디아 5장에서는 그리스도인의 자유가 어떤 것이지 알려줍니다. 보통 자유의 반대말은 속박이고, 자유인의 반대는 노예를 뜻합니다. 그런데 그리스도인의 자유는 그리스도의 영에 사로잡힌 사람들의 자유라는 점에서 독특합니다. 무엇엔가 사로잡힌 사람을 어떻게 자유인이라고 말할 수 있는 것일까요?

그 이유는 1절 후반부에 나와 있습니다. "다시는 종의 멍에를 계속 멘 상태로 머물지 말라"는 말입니다. '다시'라는 말속에서 과거를 알

---

[1] 루터는 정치적이거나 세속적인 자유가 아니라 "그리스도가 우리를 해방시킨 자유"라고 한다. 동시에 이 자유는 "하나님의 영원한 진노로부터의 자유"이다. 김선회 옮김, 『말틴 루터의 갈라디아서 강해(하)』(루터대학교 출판부, 2003), 21.

수 있습니다. 그런데 종의 멍에를 누가 강제로 씌워준 것이 아니라 자기 스스로 쓰고 있다는 것을 내포합니다. 그러니 그 사람이 자유인인지 아니면 종노릇하는 사람인지 참 분별하기가 어렵습니다. 겉으로 보기에는 자기 마음대로 사는 자유인 같은데, 깊이 들여다보면 그 사람은 무엇엔가 홀려서 자기도 모른 채 종노릇하고 있기 때문입니다.

갈라디아 교인들이 바로 그런 상태였습니다. 예수가 목숨을 바쳐서 율법으로부터의 해방을 선포하여 자유를 주었는데, 갈라디아 교인들이 다시 율법의 종노릇을 하려고 생각하고 있기 때문입니다. 스스로 자유롭게 율법을 선택한다고 하겠지만, 그것 역시 자유를 버리는 역설적인 행위가 되고 말 것입니다.[2]

---

2 루터 역시 종의 멍에가 율법이라고 말한다. 그런데 그렇게 율법의 멍에를 스스로 메는 이유가 독특하다. 인간의 이성이 그런 선택을 하게 한다는 것이다. 이성은 믿음으로 얻는 의 대신 율법으로 의를 얻는 것이 위험하다고 여기지 않는다는 것이다(하, 24). 루터의 신학에서 이성이 하는 역할은 중요하다. 하지만 전적으로 이성에 의지하는 인간이 빠질 함정은 매우 위험한 것이다. 여기서 루터의 종교개혁 3대 논문 중 하나인 "그리스도인의 자유"(1520)의 내용을 언급해야 할 것 같다. 그 글에서 루터가 내세운 역설적 명제가 있다. "그리스도인은 지극히 자유로운 만물의 지배자이며 그 누구에게도 예속되어 있지 않다. 그리스도인은 지극히 충실한 만물의 종이며 모든 사람에게 예속되어 있다"(한인수 옮김, 『그리스도인의 자유』[도서출판 경건, 1996], 2-4). 이 대립적으로 표현된 명제들을 조화롭게 이해해야 루터의 생각을 읽어낼 수 있다. 그리스도인은 신앙 양심으로는 완전 자유인이지만, 그의 실천적인 삶은 전적으로 섬김이다. 그래서 자유로운 노예가 되는 것이다. 율법 앞에서 율법에 속박을 당하면 그는 율법의 종이지만, 율법의 명령들을 자신의 자유로 섬기며 사는 것은 율법의 지배를 벗어난 자유인의 삶이다.

2. 할례와 성령(5:2-6)

나 바울이 여러분에게 말합니다. 여러분이 할례를 받으면, 그리스도는 여러분에게 아무런 유익이 없습니다. 내가 할례를 받는 모든 사람에게 다시 증언합니다. 그런 사람은 율법 전체를 이행해야 할 의무를 지닙니다. 율법으로 의롭게 되려고 하는 사람은 그리스도에게서 끊어지고, 은혜에서 떨어져 나간 사람입니다. 그러나 우리는 성령을 힘입어서, 믿음으로 의롭다고 하심을 받을 소망을 간절히 기다리고 있습니다. 그리스도 예수 안에서는, 할례를 받거나 안 받는 것이 문제가 되는 것이 아닙니다. 가장 중요한 것은, 믿음이 사랑을 통하여 일하는 것입니다(갈 5:2-6).

도대체 무엇이 문제일까요? 예수 그리스도를 믿는 믿음도 가지고, 동시에 유대인이었던 예수가 받아들인 율법도 따르는 것이 당연한 것이 아닐까요? 바울의 주장은 무엇에 근거한 것일까요? 바울의 주장은 이것입니다. 그렇게 되면 그리스도로 말미암은 구원만으로는 '불충분'하다는 뜻이 되기 때문에 율법을 거부하는 것입니다. 정확히 말하면 율법의 내용 그 자체를 거부하는 것이 아니라 율법 아니면 안 된다는 '율법주의'를 거부하는 것입니다. 다시 말하면 율법 대신 그리스도인데, 다시 율법을 택한다면 그리스도는 사라지고 말 것이기 때문입니다.

여기서 이런 생각을 한번 해봅시다. 지금 바울은 할례를 예로 들고 있습니다. 할례는 본래 하나님께서 아브라함과 맺은 계약의 외적 표징을 의미합니다. 그런데 이것이 이제는 율법 준수 전체를 상징하는 표시가 되었을 뿐만 아니라 유대인의 표가 되었습니다. 할례를 받으면 할례라는 외적 표징이 담고 있는 율법 전체를 지켜야 합니다.3 그런데 그리스도는 유대교 율법주의의 문제점들을 낱낱이 지적하다가 십자가 처형을 당한 분입니다. 예수는 율법의 문자가 아니라 율법의 정신을 되살려낸 분입니다.4

지금 우리도 마찬가지입니다. 구약성서에서 몇 가지 규정을 들고나와서 성서에 있는 말씀대로 해야 한다고 주장합니다. 그런데 사실 그런 사람들은 구약성서에 나와 있는 다른 규정들은 마음대로 어기고 삽니다. 선택적인 규정 준수를 하면서 율법을 들이대는 일은 옛날이나 오늘이나 마찬가지입니다.

지금 바울이 투쟁하고 있는 것은 유대교 율법 아래에서 자라난 그리

---

3 루터는 에르푸르트(Erfurt)대학에서 인문학 석사학위를 취득한 후 법학과에 진학하여 공부하다 말고, 22세의 나이로 아우구스티누스 엄수 수도회에 입회하였다. 수도사로서 그의 목표는 죽기 전에 자신이 지은 죄를 모조리 회개하고 죄의 사면을 얻으려는 것이었다. 그는 갈라디아서 강의에서 그때의 경험을 회고하였는데, 마치 모든 율법을 다 지켜야 하는 사람처럼 모든 죄를 고백하고 또 고백하는 일과를 살았다고 한다. 그가 내린 결론은 아무리 고백해도 자기 양심이 확신을 얻지 못한다는 것이었다. 양심은 끝까지 이렇게 말했다고 한다. "너는 이것을 올바로 행하지 못하였다. 너는 충분히 참회를 하지 않았다"(하, 33-34). 수도원의 규범을 완벽하게 따르는 일로 그 규범을 다 지킬 수 없다는 깨달음은 그를 '영적 시련'(Anfechtung)에 빠지게 하였다. 그는 이렇게 말하였다. "바울이 말한 대로 그리스도에 관한 약속과 복음 없이 양심이 율법의 행위를 통하여 평화를 찾을 수 없기 때문이다"(하, 34).
4 루터는 이 대목에서 할례가 구원받는 데 반드시 필요하다는 주장은 "어떤 행위나 예배의 형식을 통해서 죄사함과 의를 얻겠다는 생각"과 같은 것이라고 말한다. 다시 말하면 그리스도의 복음 외에 어떤 규범이나 전통이나 예식은 구원에 영향을 끼치지 못한다. 만일 그런 전통에 얽매인다면, 그에게 그리스도는 아무런 유익이 없다(하, 28).

스도께서 하나님이 만드신 율법의 본정신이 훼손되는 것을 막으려
하였다는 사실에 근거한 것입니다.[5] 할례를 통하여 유대인이 되면,
그는 이제부터 율법 문자의 노예가 되는 것입니다. 기록된 모든 규정을
다 지키지도 못하면서, 그것을 지키지 못한다는 죄책감에 짓눌려 살아
야 하는 종이 되는 것입니다. 거기서 우리를 해방시켜 주었는데, 다시
율법의 노예가 되려 하는 것이 안타까울 따름입니다.[6]

　　4절에서 바울은 더 강하게 말합니다. 율법으로 의롭게 되기를 바라
는 사람은 그리스도로부터 끊어진다고 말입니다. 동시에 그런 사람은
은혜로부터도 떨어져 나가게 됩니다.[7] 하지만 바울이 바라는 것은 갈라

5　루터는 바울의 주장이 매우 용감한 것이라고 칭찬한다. 동시에 율법과 할례에 대한
　　바울의 비판을 보면서, 당시 가톨릭교회가 만들어 놓은 인간의 전통 따위를 반대하는
　　것은 적은 용기만으로도 가능하다고 본다. 오늘날 성서 전체의 맥락을 고려하지 않은
　　채 성서 안에서 발췌한 말을 가지고 교회의 규정이나 전통을 세우는 것 역시, 인간적인
　　전통 세우기에 불과한 것임을 알아야 한다. 루터가 교회개혁과 더불어 개신교회를 시
　　작한 인물이라고 생각한다면, 그가 500년 전에 세운 프로테스탄트 정신을 오늘의 개혁
　　교회가 반드시 기억하여야 한다. 그래야 프로테스탄트교회이다.
6　다시 한번 '그리스도인의 자유'가 생각나는 대목이다. 그리스도인은 자유인으로서 어
　　떤 인간의 전통이나 교리 아래에서 종노릇하여서는 안 된다. 그는 그리스도로 인하여
　　해방되었기 때문이다. 만일 그가 섬기는 종의 역할을 한다면, 그것은 자신의 자유로
　　섬기는 것이다. 인간의 전통이나 교리를 섬기는 것이 아니라 하나님의 사랑과 은혜의
　　감격으로 이웃을 섬기는 종의 역할을 감당하게 되는 것이다.
7　루터는 이런 사람들은 '그리스도로부터 자유한 자들'이라고 한다. 다시 말하면 그리스
　　도가 그 사람 안에서 더 이상 임재하시지도, 일하시지도 않는다. 거기에는 그리스도에
　　관한 지식도, 성령도, 자유도, 생명도 없다. 그리스도는 더 이상 그들과 상관하지 않으
　　시며, 그들도 더 이상 그리스도와 함께하지 않는다(하, 38). 바울의 말과 루터의 해석을
　　오늘날 우리에게 적용해 보자. 규정과 형식은 필요한 것이지만, 거기에 얽매여 그리스
　　도의 정신을 잊어버린 자들이 얼마나 많은가? 많이 모여서 웅장하고 엄숙한 예배를

디아 교인들이 율법 대신 성령의 힘으로 '믿음으로 의롭다 하심을 받을 소망'을 간직하는 것입니다(5절). 여기서 종교개혁자 루터의 '칭의 사상'이 탄생하게 되었습니다.

사람은 율법이 아니라 오직 '믿음과 은혜'로 의롭게 되는데, 이것이 성령의 사역으로 진행되는 것이라는 '칭의 사상'입니다. 율법은 내가 '지키는' 것이고, 은혜는 하나님으로부터 '받는 것'입니다.[8] 의롭게 되는 일의 주체가 인간이 아니라 하나님이라는 의미가 담겼습니다. 여기서 '믿음'이 중요한데, 그 믿음을 일으키는 것이 성령의 능력입니다.

그러면 "인간인 나는 아무것도 하지 않아도 되는 것 아니냐?"고 반문할 수 있습니다. "나는 오늘 아침에 일찍 일어나서, 내 발로 걸어서 교회에 나왔고, 기도와 말씀에 '아멘'으로 동의하였는데, 그런 나의 역할은 소용이 없다는 뜻이냐?"는 질문입니다. "누가 보기에도 다른 사람보다 더 성실하게 신앙생활을 열심히 했는데, 그런 삶이 구원받는 데 전혀 보탬이 되지 않는다면, 누가 열심히 신앙생활을 하겠느냐?"는

드리기만 하면 거기에 그리스도가 함께하신다고 장담할 수 있는가? 그 공동체가 그리스도의 가르침대로 생각하고, 판단하고, 행동하고 있는지 깊은 반성을 촉구하는 루터의 말이다.

8 '은혜'라는 단어는 루터에게 큰 의미가 있다. 루터는 하늘의 보화가 이 땅의 그릇에 담겨 있다고 말한다. 즉, 그릇은 매우 약하고 보잘것없지만, 그 안에 담긴 보화는 무한하고 상상할 수 없을 정도로 가치 있는 것이다. 그릇 때문이 아니라 그 안에 담긴 보화 때문인 줄을 모른다면, 그는 바로 '은혜에서 떨어져 나간 자'이다(하, 42). 세상의 교회들이 말로는 하나님의 은혜로 된 것이라고 하면서 속으로는 자기의 능력이라고 교만한 마음을 품는 순간, 하나님의 은혜에서 떨어져 나가는 것이다. 내 것이 아닌 것을 자기 것으로 여기고 영원히 움켜잡으려고 생각한다면, 그것은 하나님의 은혜를 버리고 자기의 욕망을 선택한 것이다.

절망의 표현입니다.

그런데 정반대로 생각해 보십시오. 나의 열심이 과연 하나님의 뜻에 부합하는지 누가 알 수 있을까요? 열심히 신앙생활을 한 건 맞지만, 남들이 보지 않는 내 깊은 저 속마음에서 항상 하나님이 원하시는 것만 바라고 살았을까요? 나는 정말 한 치의 흠도 없이 깨끗하게만 살았을까요? 다시 말하면 인간 스스로의 힘만으로는 구원에 도달할 가능성이 매우 희박하다는 것입니다. 그래서 의롭게 되고 구원을 받는 마침표를 인간인 내가 찍는 것이 아니라 하나님께서 찍어야만 하는 것입니다.

아무리 내가 열심히 신앙생활을 하였다고 하더라도 반드시 알아야 할 것은, 나를 의롭게 하는 것은 약속을 믿는 것이고 은혜를 기다리는 것이라는 사실입니다. 나는 내가 해야 하는 일을 하고, 하나님께서는 하나님의 일을 하는 것이 우리 인간이 하나님의 절대주권을 인정하는 것이기 때문입니다. 내가 판단하고 내 힘으로 하려고 한다면, 그는 그 스스로 하나님의 자리를 대신 차지하려는 것과 같다는 말입니다.[9]

---

9 '성령을 통하여 믿음으로 의롭게 되는 소망'은 루터에게 강한 인상을 남겼다. 루터는 소망이라는 단어에서 우리의 의로움이 아직은 완전하여지지 않았다고 본다(하, 44-45). 온전하게 의로워지는 일은 앞으로 보게 될 것이라고 한다. 그래서 '의로운 동시에 죄인'(simul iustus et peccator)이다. 그래서 그리스도인은 믿음으로 의롭다 함을 얻고, 동시에 소망 중에 의롭다. 루터는 믿음과 소망을 묶어 놓고 다시 구별한다. 이 두 가지는 기능과 목표라는 차이가 있다. 동시에 믿음은 지성 안에 있고 소망은 의지 안에 있다(하, 46). 믿음이 교훈과 지식이라면, 소망은 권면이다. 그래서 믿음이 오류와 이단에 항거하는 신학자 역할을 한다면, 소망은 환난과 십자가, 슬픔과 공포, 절망과 모욕 같은 것에 항거하고 투쟁하는 선장과 같다. 믿음은 약속을 바라보게 하고, 소망은 그 약속이 담고 있는 것을 본다(하, 46-47).

그에 대한 부가적 설명이 6절에 나와 있습니다. '그리스도 안에서' 할례와 무할례는 외적 차이일 뿐 아무런 의미가 없다는 말속에서 바울의 진의가 드러납니다. 겉보기만 가지고 깊은 속까지 다 들여다볼 수 없다는 말입니다. 중요한 것은 '그리스도 안에' 있다는 것입니다.

바울은 여기서 그 가장 중요한 것이 무엇인지 다시 설명해 줍니다. 그것은 바로 '사랑으로 역사하는 믿음'(faith through love working)입니다. 다시 말하면 십자가에 달려 돌아가신 그리스도의 사랑의 행동의 이면에는 아버지 하나님께서 요구하시는 믿음이 자리 잡고 있는데, 지금 모든 그리스도인에게 필요한 것 역시 바로 그런 '믿음이 바탕이 되어서 나타나는 사랑'이라는 것입니다.

이 말을 이렇게 풀어보면 좋겠습니다. "믿음을 가짐으로써 비로소 사랑은 가능하게 되며, 사랑을 가짐으로써 비로소 믿음은 효과적으로 그리고 실제적으로 된다."[10] 믿음과 사랑은 다른 단어이지만, 서로 분리할 수 있는 이론과 실천이 아닙니다.

사랑으로 역사하는 믿음(faith through love working)이라는 말의 해설도 필요합니다. 우리의 믿음이란 아가페(agape, ἀγάπη)라는 사랑의 옷을 입고 역사(working, ἐνεργουμένη)합니다. '역사한다'는 말은 에네르게오(energeo, ἐνεργέω)인데, 그 뜻은 에너지입니다. 힘을 내는 것이지요. 효력이 있다는 말도 됩니다. 가장 중요한 것은 우리의 믿음이란 반드시 하나님의 신실한 사랑을 바탕에 두고 있어야 세상에 힘을

---

10 Heinrich Schlier, *Der Brief an die Galater*(Göttingen, 1971); 한스 디터 벳츠, 『갈라디아서』, 533에서 재인용.

발휘한다는 말입니다.[11]

할례나 무할례가 중요하겠습니까? 우리의 믿음을 통해서 하나님의 거룩하고 신실한 사랑이 세상에 힘을 발휘하게 되는 것이 중요하지요. 우리가 세상에 전하는 사랑은 모두가 우리 속에 은혜로 심어주신 믿음이 하는 일입니다. 다만 우리의 주관적인 판단과 행동이 내 속의 믿음이 요구하는 신실한 사랑을 실천하는 데 방해만 하지 않으면 참 좋겠습니다.

---

11 물론 이것이 사랑의 실천 없는 믿음은 의롭게 하지 못한다는 말은 아니다. 루터가 이를 강조하였다. 루터의 말을 따르면 사랑의 실천 없는 믿음은 진짜 믿음이 아니다. 그러니까 함부로 '믿음'이라는 말을 붙이면 안 된다는 의미이다(하, 54).

18장
할례와 십자가
(갈 5:7-15)

1. 경기장의 규칙(5:7-9)

여러분은 지금까지 잘 달려왔습니다. 그런데 누가 여러분을 가로막아서, 진리를 따르지 못하게 하였습니까? 그런 꾐은 여러분을 부르신 분에게서 나온 것이 아닙니다. 적은 누룩이 반죽 전체를 부풀게 합니다(갈 5:7-9).

앞에서(1-6절) 바울은 그리스도인의 자유에 관하여 말하였습니다. 여기서 자유를 방해하는 것이 할례라고 합니다. 할례란 율법 전체를 상징합니다. 율법을 선택하면 그리스도와 하나님의 은혜에서 멀어집니다. 왜냐하면 율법 준수는 자신만의 힘으로 해야 하기 때문입니다. 그리고 자기 힘만으로는 구원을 성취할 수 없기 때문입니다.

이제 다시 바울은 갈라디아 교인들에게 흔들리지 말 것을 당부하고 있습니다. 지금까지 그리스도의 가르침을 따라 경주하였는데, 왜 거짓 교사들의 말에 마음을 빼앗겨서 달리고 있던 코스를 벗어나려고 하느냐는 것입니다. 잠시 선을 넘어가도 괜찮다고 생각하지도 말라는 뜻으로 "적은 누룩이 반죽 전체를 부풀게 한다"는 말과 더불어 경고에 경고를 더하고 있습니다. 왜냐하면 율법주의를 선택하는 것은 결코 그리스도의 법을 따르지 못하게 만들기 때문입니다.[1]

우리 역시 이와 비슷한 생각을 할 수 있습니다. 신앙생활에서 성서와 전통에 따라 세운 규칙들을 잘 준수하는 것이 중요한 일인데, 그렇다면 율법도 마찬가지라는 것입니다. 율법의 핵심인 십계명을 안 지켜도 된다는 말이냐고 반문할 수 있습니다. 하지만 바울의 주장은 그런 뜻이 아닙니다.

율법은 그리스도 이전의 법입니다. 그리스도는 율법을 완성하러 오신 분입니다. 그러므로 그리스도를 통하여 주시는 하나님의 은혜가 우리를 구원하는 것이 분명한데, 그 길을 벗어나서 율법으로 구원을 받으려고 한다면, 그것은 정도를 벗어나 실족하게 된다는 의미입니다. 여기서 율법은 그 한계가 명확하게 정해집니다. 그리스도의 길을 따르는 보조 역할입니다. 율법은 우리가 왜 그리스도를 통한 하나님의 은혜

---

1 루터는 적은 탈선이 크고 많은 악을 이끌고 온다고 경고한다(하, 66). 단순히 율법을 잘 지키려는 마음과 이것을 강제하려는 것은 매우 다르다. 율법이 적은 누룩이라면, 율법주의는 누룩이 온 반죽에 다 퍼진 것과 같다. 그리스도를 믿는 믿음으로 의롭게 된다면, 율법으로 의롭게 되지 못한다는 점은 분명하다. 율법과 할례를 적당히 섞어 넣으면, 믿음의 교리는 나중에 혼란스럽게 되고 말 것이다.

를 붙잡아야 하는지를 알려줍니다. 왜냐하면 율법 앞에서 우리는 스스로 죄인임을 깨닫고 좌절하기 때문입니다. 바울은 다음 절에서 이 문제를 정확하게 지적하고 있습니다.

2. 십자가의 거리낌 때문인가(5:10-12)

나는 여러분이 다른 생각을 조금도 품지 않으리라는 것을 주님 안에서 확신합니다. 그러나 여러분을 교란시키는 사람은, 누구든지 심판을 받을 것입니다. 형제자매 여러분, 내가 아직도 할례를 전한다면, 어찌하여 아직도 박해를 받겠습니까? 그렇다면, 십자가의 거리낌은 없어졌을 것입니다. 할례를 가지고 여러분을 선동하는 사람들은, 차라리 자기의 그 지체를 잘라 버리는 것이 좋겠습니다(갈 5:10-12).

'다른 생각'이란 무엇일까요? 거짓 교사들이 할례를 받으라고 하는 꾐을 뜻하겠지요. 옆에서 같은 말을 자꾸 반복하면서 꾀면, 그것을 이겨낼 자가 없습니다. 그런데 매우 그럴싸하게 들린다면 어떻겠습니까? 지금 거짓 교사들이 하는 말속에는 "바울도 할례를 베푼 적이 있다"는 뜻이 담겨 있습니다.

사도행전 16장 1-3절에 보면 바울이 제2차 전도여행(49-52) 때 디모데를 합류시킨 이야기가 나옵니다. 자신이 세운 소아시아 지역의 교회들을 먼저 돌아보고 마케도니아로 가는 선교여행인데, 소아시아

루스드라에서 디모데를 만났습니다. 디모데의 부친은 그리스인이어서 이방인을 데리고 다닌다고 오해를 받을까 봐 바울은 그에게 할례를 하도록 하였습니다. 물론 예루살렘 회의(48년)의 결정에 따라 반드시 할례를 하지 않아도 되지만, 전도여행의 일원이라는 점에서 그렇게 한 것입니다. 그런데 이 사실을 갈라디아교회의 거짓 교사들도 알고 있었던 모양입니다.

이런 것을 보면 바울이 율법을 무시한 것은 결코 아닙니다. 디모데에게 어쩔 수 없이 할례를 하도록 했지만, 할례로 대표되는 율법주의가 구원의 본질은 아니라는 것입니다. 그래서 바울은 다음과 같은 주장을 이어갑니다.

바울은 율법의 대표격인 할례 문제 때문에 유대인들로부터 지속적인 박해를 받았습니다. 만일 바울이 디모데의 경우를 확대해서 "누구나 할례 받아도 된다"거나 또는 "모두 할례를 받아야 한다"고 했더라면 유대인들의 박해를 피하고 수월하게 그리스도를 전파할 수 있었을 것입니다. 하지만 바울의 생각에 그리스도와 율법은 동일한 위치에 놓을 수 없는 것이었습니다. 먼저 유대인에 속하고 나서, 그다음에 그리스도인이 되는 것은 복음의 보편성에 위배되는 것이었기 때문입니다.

바울이 사용한 말 중에 '십자가의 거리낌'이라는 말이 있습니다. 이 말의 뜻은 하나님의 아들이신 그리스도가 십자가에 달려서 수치스러운 죽음을 당했다는 것이 매우 걸린다는 의미입니다. '거리낌'이란 원문으로 scandalon(σκάνδαλον)입니다. 영어로는 offense, 독일어로는

Ärgernis로 번역하지요. 범죄, 위반, 폐 끼침 등등의 의미인데, 여기서 스캔들(scandle)이라는 말이 나왔습니다. 이것은 하나님의 아들이신 구원자 그리스도가 범죄자들의 처형 방식인 십자가에서 죽임을 당했다는 것은 있을 수 없는 일, 스캔들이라는 의미입니다. 그런 '거리낌'을 완전히 지워버리는 방식이 할례를 받도록 하는 일이라는 것을 바울도 잘 알고 있다는 의미입니다. 그럼에도 불구하고 바울은 그 거리낌이 결코 부끄럽거나 수치스러운 일이 아니라 오히려 하나님의 구원 사역의 역설이라는 것을 선포하려는 것입니다.

3. 율법 때문에 싸우지 말고, 서로 사랑하십시오
(5:14-15)

형제자매 여러분, 하나님께서는 여러분을 부르셔서, 자유를 누리게 하셨습니다. 그러나 여러분은 그 자유를 육체의 욕망을 만족시키는 구실로 삼지 말고, 사랑으로 서로 섬기십시오. 모든 율법은 "네 이웃을 네 몸과 같이 사랑하여라" 하신 한마디 말씀 속에 다 들어 있습니다. 그런데 여러분이 서로 물어뜯고 잡아먹고 하면, 피차 멸망하고 말 터이니, 조심하십시오(갈 5:14-15).

자유에 대한 설명은 이후(16절부터)에 다시 한번 등장합니다. 그 자유가 그리스도인을 어떤 길로 이끄는지 말입니다. 여기서는 율법으로부터의 자유는 결코 방종이 아니라 사랑으로 섬기는 것이라고 말합니다. 그래서 바울은 모든 율법은 "네 이웃을 네 몸과 같이 사랑하라"(레 19:18)는 말씀 속에 다 들어 있다고 합니다. 그런데 놀랍습니다. 이 말씀은 예수께서 하신 말씀이기 때문입니다. 바리새파 율법교사가 예수께 율법 가운데 제일 중요한 계명이 무엇인지를 물었습니다(마 22:34-40). 물론 시험이었지요. 그때 주님은 "네 마음을 다하고, 네 목숨을 다하고, 네 뜻을 다하여, 주 너의 하나님을 사랑하라"(신 6:5)는 말씀과 "네 이웃을 네 몸과 같이 사랑하라"(레 19:18)는 계명이라고 대답하였습니다. 바울과 같은 말씀을 이미 하신 것입니다. 뿐만 아니라 마태복음 19장에서 부자 청년이 영생을 물을 때도 같은 대답을 했습니다. "네 이웃을 네 몸과 같이 사랑하라"(마 19:19).

갈라디아교회 교인들은 거짓 교사들 때문에 혼란에 빠졌고, 율법에 대하여 생각이 다른 사람들과 불화하기 시작하였습니다. 결국 율법의 근본 정신인 이웃 사랑을 율법 때문에 하지 못하는 결과를 낳은 셈입니다.[2] 거짓 교사들은 혼란과 분쟁을 야기합니다. 그런데 그 책임은 거짓

---

2 루터는 알고 있었다. 그리스도인의 자유를 알게 된 사람이 빠지게 될 마귀의 계략을 예견하였다. 자유를 오해하여 자기의 욕망에 항복하여 함부로 탐심을 부리게 된다는 것이다. 그리스도인의 자유를 오해하면 말씀을 나누고, 기도를 드리고, 선을 행하고 악을 참아내는 일에 둔감하고 나태해지기 쉽다. 그렇게 그리스도를 섬기는 일에서 돌아서서 자기의 욕망을 섬기게 되지 않도록, 그리스도인은 성령의 자유를 방탕에 빼앗기지 않도록 깨어 있어야 한다. 그래서 루터는 이렇게 말한다. "경건한 자들은 그리스도로 말미암아 율법의 저주에서부터, 죄로부터 그리고 사망으로부터 하나님 앞에서 양심의 자유를 얻었으나 육신에 의해서는 묶여 있다는 것을 기억해야 한다"(하, 84). 그래서 서로 사랑하라는 율법이 그리스도인들에게 부과된 것이다.

교사들에게 있는 것이 아니라 교회에 있습니다. 왜냐하면 분별력을 지니지 못했기 때문입니다. 분별력은 명확한 가치관에서 나옵니다. 그리스도께서 십자가 위에서 죽임을 당한 것은 결코 수치스러운 것이 아니라 가장 낮고 천한 자리에까지 내려오신 하나님의 희생적인 사역을 상징하는 것이라는 깨달음이 소중한 것입니다. 그래서 우리 그리스도 인들은 '십자가의 스캔들'을 사랑합니다.

19장
육체와 성령 사이의 전쟁
(갈 5:16-24)

1. 서론

앞장에 13-15절이 포함되었지만, 실상 이 대목에 더 잘 연결되는 내용입니다. 왜냐하면 그리스도인의 자유를 육체의 욕망을 만족시킬 구실로 삼게 될 것이라는 거짓 교사들의 꾐 때문입니다. 그래서 모든 율법은 "네 이웃을 네 몸과 같이 사랑하라"는 말씀 속에 다 들어 있다고 바울은 강조하였고, 그다음에 이 문제를 두고 쓸데없이 격렬한 논쟁을 벌이면 공멸할 것을 경고하고 있습니다. 그래서 바울은 이 장에서 육체의 욕망을 누르는 것이 율법이 아니라 성령임을 강조하였던 것입니다.

2. 육체의 욕망이냐, 성령이냐(5:16-18)

내가 또 말합니다. 여러분은 성령께서 인도하여 주시는 대로 살아가십시오. 그러면 육체의 욕망을 채우려 하지 않을 것입니다. 육체의 욕망은 성령을 거스르고, 성령이 바라시는 것은 육체를 거스릅니다. 이 둘이 서로 적대 관계에 있으므로, 여러분은 자기가 원하는 일을 할 수 없게 됩니다. 그런데 여러분이, 성령의 인도하심을 따라 살아가면, 율법 아래에 있는 것이 아닙니다(갈 5:16-18).

'성령의 인도대로 살아가기'라는 말은 '성령 따라서 걷기'를 의역한 것입니다. 좀 더 풀어쓰면 "성령의 인도를 받는 일상생활을 영위하라"라고 할 수 있습니다. 하지만 이것은 너무 추상적인 가르침입니다.

비슷한 표현이 『장자』 「내편」(內篇)에 나오는데, 「소요유(逍遙遊)편」입니다. 거닐 소(逍), 노닐 요(遙), 여행할 유(遊) 자를 쓴 것으로 보아서 제목부터 유유자적(悠悠自適)함을 담고 있습니다. 크기가 몇천 리나 되는 대붕(大鵬)이라는 새가 한 번 날면 일단 6개월을 숨도 안 쉬고 천지를 난다는 것입니다. 대붕이 나는 것을 본 쓰르라미와 작은 비둘기가 비웃습니다. "우리가 아무리 힘차게 날아올라도 느릅나무나 박달나무에 머무르는 것이 고작인데, 저 대붕이 구만리를 난다고요? 아니, 먹이도 전혀 안 먹고요?"[1]

---

1 오강남 풀이, 『장자』(현암사, 2014), 26-34.

성령 따라 걷기도 이와 비슷하지 않을까요? 보통의 눈으로는 절대로 이해하지 못하는 걸음입니다. 어떤 장애물이나 방해에도 불구하고 아무렇지 않게 성령 따라서 걸어가는 것입니다. 그렇게밖에는 이 말을 설명할 길이 없어 보입니다.

그런데 바울이 뒤이어 이렇게 말합니다. "그러면 육체의 욕망을 채우려 하지 않습니다"라고 말입니다. 그렇군요. 성령의 인도하심을 따르는 삶은 절대로 육체의 욕망을 채우는 것이 아니라는 말입니다. 그런데 사람은 누구나 배를 채워야 하고, 잠을 자야 하고, 가지고 싶은 것을 가지려고 노력하며, 자신의 삶의 안락함을 추구하며 살고 있는데, 도대체 어떻게 하라는 뜻일까요?[2]

---

2 이 대목에서 루터는 흥미롭게도 이렇게 말한다. "우리는 율법이 요구하는 만큼 하나님과 그의 이웃을 사랑하는 사람을 전혀 산출할 수 없다. 내세에 가서 우리가 모든 잘못과 죄에서 완전히 깨끗하여지고 태양과 같이 순전하여질 때, 우리는 온전한 사랑을 하고 우리의 온전한 사랑으로 의로워질 것이다. 그러나 이 현생에서는 그와 같은 순수성은 우리의 육신에 의해 방해를 받는다. 우리가 사는 날까지 죄가 우리의 육신에 집착해 있다"(하, 104). 이것을 알고 있다면, 인간은 자신의 현실적인 한계를 인식하는 것이다. 자기를 아는 데서부터 신앙은 첫걸음을 뗄 수 있다. 우리 안에는 상반되는 두 인도자가 있다고 루터는 말한다. 즉, 성령과 육신이다(하, 106-107). 그래서 우리 속에서 갈등과 전쟁이 벌어진다. 성령과 함께 걷는다는 말은 성령의 인도로 육신의 욕망과 싸우라는 것이다.
혹자는 육신의 욕망과 싸우라는 말을 들으면, 육은 완전히 악한 것이고 버려야 할 것으로 착각하여 절망하거나 정반대로 도저히 불가능한 일이라며 전혀 받아들이려고 하지 않는다. 이는 모두 극단적인 판단이다. 루터는 육신에 순종하거나 육신의 욕망을 채우려고 하지 말라는 말의 의미가 육을 벗어버리거나 죽이라는 뜻이 아님을 분명하게 말하였다. 세상사는 동안 육신은 우리의 삶의 일부이다. 그래서 육은 계속된다. 그래서 죄도 계속된다. 그 가운데서 우리의 인도자 되시는 그리스도께서 우리를 의로운 사람으로 불러주시는 것이 어떤 삶을 요구하는지 깨닫는 길이 바로 육신과 투쟁하는 일이다(하, 109-110).

　더 중요한 문제는 갈라디아서의 역사적 상황의 맥락입니다. 갈라디아교회에 찾아와서 할례를 받아야 한다고 가르치는 거짓 교사들의 선동 앞에서 이 말은 어떤 의미일까요? 왜 바울은 느닷없이 육과 영을 구분하는 이분법적인 언어를 사용하고 있을까요? 정말로 육은 모두 나쁜 것이고, 영은 모두 좋은 것이라는 뜻일까요?

　갈라디아에 들어온 거짓 교사들의 주장은 이것입니다. 지금 갈라디아 교인들 사이에 부정한 행실이 존재하는 이유는 바울이 율법을 무시했기 때문이라는 것입니다. 그래서 할례를 받고 율법을 지키는 유대인이 되고 나서야 진짜 그리스도인이 될 수 있다는 것이지요. 신앙생활 속에 올바르지 못한 문제가 발생하였을 때 바울은 "성령 따라 살라!"고 말하고, 거짓 교사들은 "율법을 따라 살라!"고 말하는 것입니다. 누구의 말이 맞는 말일까요?

　율법이란 하나님께서 이스라엘 백성들에게 주신 법입니다. 그런데 세월이 지나면서 처음 율법을 주신 하나님의 뜻이 왜곡되기 시작하였습니다. 원래 법이라는 것이 시대가 달라지면 법조문 수가 늘어나게 마련이기도 하고, 경우에 따라서는 해설이 붙기도 하고, 때로는 과거에는 범법이었던 것이 이제는 합법이 되기도 합니다. 그러니까 율법의 조문에 얽매일 것이 아니라 율법의 정신을 붙잡아야 한다는 말씀입니다.

　쉽게 말하면 처음의 율법은 하나님께서 이스라엘 백성들과 맺은 계약에서 시작되었습니다. 이 백성의 보호자로 자처하신 것입니다. 그런데 후대로 갈수록 늘어난 율법 조문들을 통해서 그 하나님은 자비로우신 하나님이 아니라 백성들에게 진노하고 벌을 주는 하나님으로 인식되어 버렸습니다. 그래서 율법은 사람의 육체에 관여하는 법이 되고 말았습니다. "무엇 무엇을 하지 말라, 만일 범하면 이런 벌을 육체에 가한다"라는 율법 조문은 분명히 한계 안에 갇혀 있습니다. 사람이 벌이는 잘못된 일이 얼마나 많은데, 법조문으로 인간을 완벽하게 통제할 수 있겠습니까? 인간의 몸을 어거한다고 해서 그 사람의 깊은 내면까지 바꿀 수 있을까요? 그래서 율법 조문이 할 수 있는 일은 '범법을 안 하는 척'하게 만드는 것뿐입니다. 실상 그 마음속에서는 마음대로 하고 싶어서 안달인데 말입니다.

그래서 율법은 육신의 욕망을 제어할 수 없습니다. 심지어 율법과 육신의 욕망은 일종의 '동맹자 관계'라고 표현하기도 합니다. 왜냐하면 같은 문제를 놓고 고민하는 관계이기 때문입니다. 바울이 이분법적 언어를 사용하는 이유가 바로 그것입니다. 문자적인 의미로 육은 나쁘고 영은 좋은 것이라는 말을 하려는 것이 아니라, "육신의 욕망과 성령은 서로 싸운다"는 것입니다. 싸우는 장소가 어디인가 하면, 바로 인간의 내면입니다. 다시 말하면 '육과 영이 적대관계'라는 표현은 바울의 '인간학'입니다.

흥미로운 일은 그다음 절에 나옵니다. "이 둘이 적대관계에 있으므로, 여러분은 자기가 원하는 일을 할 수 없게 됩니다"라는 말입니다. 내 속에 육과 영과 더불어 '자기'도 있습니다. 사실 번역은 그런데 원문으로 보면 "당신이 원하는 것을 못 한다"는 뜻입니다. 그러니까 자신이 해야 한다고 믿는 일을 하려는데, 내 속에서 육신과 성령이 싸우고 있으니 누구 말을 들어야 할지 몰라서 결정을 못 한다는 뜻이 됩니다.

종교개혁자 가운데 라디칼 개혁자인 발타자르 후브마이어(Balthasar Hubmaier) 박사는 오랜 숙고 끝에 이런 결론을 내렸습니다. 인간은 영, 육, 혼으로 구성되는데, 혼(psyche)이 영(pneuma)을 선택할 것인지, 아니면 육(sarx)을 선택할 것인지 결정한다고 했습니다. 혼의 선택에 따라서 영적인 인간으로 살 것인지, 아니면 육적인 인간으로 살 것인지 결정된다는 것입니다. 그리고 이런 선택은 매 순간 인간 앞에 놓여 있습니다.

바울의 말도 숙고해 보면, 육신의 욕망이 매우 강해서 성령이 쉽게 이기지 못할 싸움이 지속된다는 의미 아니겠습니까? 하지만 이런 점에서 위로가 된다고 생각합니다. 육신의 욕망이 전부인 줄 알고 살던 사람에게 성령이 임하면, 그 사람은 이제부터 '힘든 싸움'에 휘말리게 됩니다. 저는 그것이 '신앙 있음'이라고 생각합니다. 그러니까 지금 내 자신이 속으로 혼란스럽다면, 오히려 신앙이 '움직이고' 있다는 의미입니다.[3] 만일 살아가는 데 아무런 혼란도 느끼지 않는다면, 이미 완전히 '성령대로 사는 사람'이 되었거나, 아니면 정반대로 신앙과 무관한

---

3 루터는 자기의 몸 안에서 육이 성령에 맞서 싸우고 있는 것을 느낄 때 놀라지 말라고 한다. 성령이 인도하는 일을 하려고 할 때 반드시 육은 이를 방해한다. 그때 육이 원하는 욕망을 채워주지 말아야 한다(하, 116). 사실 내 속에서 벌어지는 영과 육의 갈등은 당연한 일이다. 이것을 아는 것은 유혹이나 시험을 받을 때 위로가 된다고 루터는 말한다. 루터의 수도사 시절의 경험이 바로 욕망의 시련이었다. 그것을 이겨내기 위하여 자신 스스로를 괴롭히던 수도사의 생활 속에서 바울의 이 말을 알았더라면 그렇게까지 괴롭지는 않았을 것이라고 루터는 회상하였다(하, 117). 위에서도 언급하였지만, 그리스도인은 자신의 상태를 솔직하게 인식해야만 자신의 삶을 성령과 함께 걷는 삶으로 만들어 갈 수 있다.

'명목상의 그리스도인'에 머물고 있다는 뜻입니다.

그런 점에서 율법은 자기의 기능을 충실하게 수행하고 있습니다. 완전히 성령의 인도에 따라 살아간다면 율법은 할 일이 없지만, 율법 때문에 내 속에서 전쟁이 벌어지고 있다는 것을 느끼게 하기 때문입니다. 하지만 율법은 '약골'입니다. 그 사람을 변화시킬 힘은 성령에게 있기 때문입니다. 그래서 바울은 율법을 다시 들고나온 유대인 거짓 교사들을 비판하는 것입니다.

3. 육체의 행실(5:19-21)

육체의 행실은 환히 드러난 것들입니다. 곧 음행과 더러움과 방탕과 우상 숭배와 마술과 원수 맺음과 다툼과 시기와 분냄과 분쟁과 분열과 파당과 질투와 술 취함과 흥청망청 먹고 마시는 놀음과, 그와 같은 것들입니다. 내가 전에도 여러분에게 경고하였지만, 이제 또다시 경고합니다. 이런 짓을 하는 사람들은 하나님의 나라를 상속받지 못할 것입니다(갈 5:19-21).

여기에 나온 육체의 행실이란, 특별히 그리스도교적인 악행들이 아니라 그 시대의 일반적인 목록들입니다. 그리고 이런 행실들을 열거한 것에는 어떤 특별한 순서도 없습니다. 만일 이와 비슷한 악덕 목록을 우리도 만든다면, 수없이 많은 악행이 더 추가되어야 할 것입니다. 그래서 악행의 목록을 만든다고 할지라도, 새로 등장하는 무수한 악행

들을 다 근절시킬 수 없다는 한계를 깨달을 수밖에 없습니다.[4]

이런 행실들에 대하여 바울은 갈라디아 교인들에게 이미 이전에 경고하였다고 말합니다. 그런데 또다시 언급하는 것은 그들이 여전히 이런 행실에서 자유롭지 못하다는 뜻입니다. 이방인들이 알고 있는 것과 같이 당시의 유대인들은 율법 덕분에 비교적 도덕적인 삶을 살아온 것으로 알려져 있습니다. 그래서 유대인 출신 교사들이 율법을 들이대는 것입니다. 율법을 지키지 않으니 삶이 그 모양이라는 것이지요.

바울은 율법을 지키겠다고 서약하는 표지로 할례를 받으면 율법이 제시하는 다른 모든 조문의 노예가 된다고 반론합니다. 그리스도교적인 윤리관만으로도 위에 언급한 악행들과 싸우는 데 충분한데, 만일 할례를 받는다면 그리스도의 십자가 희생을 통한 복음의 구원의 중요성을 망각하게 된다는 것입니다.

마지막에 "하나님 나라를 상속받지 못한다"라고 말하는 것은 종말적인 언어입니다. 그런데 문맥을 보면 이런 것들은 하나님 나라에 들어가는 조건이 아니라 못 들어가는 조건입니다. 왜냐하면 이것은 성령의 인도가 아니라 육신의 욕망이 이끄는 대로 사는 것을 의미하기 때문입니

---

4 루터는 여기에 나오는 육체의 행위를 열거한 이유가 다음에 성령의 열매를 말하기 위함이라고 한다. 젊은이들은 성욕에, 장년들은 야망과 허영심에 그리고 노인들은 탐욕에 의하여 시험을 당한다고 말하면서, 루터는 성자들도 이런 육체의 소욕에 시달렸다고 한다. 우리아를 죽게 하고 그의 아내를 탐한 다윗, 그리스도를 모른다고 부인한 베드로 역시 이 범주에 해당한다(하, 126-127). 루터는 그리스도인이 죄에 빠지는 것은 그의 약함 때문이라고 한다. 약함 때문에 육체의 욕망과 싸워 패배하여 죄를 범하였다면, 그는 다시 그리스도의 믿음으로 죄 사함을 받고 일어설 수 있다.

다. 그렇다면 이런 욕망이 난무하는 곳에는 하나님 나라의 모습은 없다
는 뜻이 되겠지요. 어쩌면 육신의 욕망을 지나치게 충족하려는 것은
그 욕망의 보여주는 환상에 나의 정신이 사로잡혔기 때문일 것입니다.
그래서 위의 목록은 완성할 수 없을 정도로 끝없이 늘어나게 될 것입니
다. 그러므로 결국은 육신의 문제가 아니라 정신의 문제라고 볼 수밖에
없습니다.

4. 성령의 열매(5:22-24)

그러나 성령의 열매는 사랑과 기쁨과 화평과 인내와 친절과 선함과 신실과
온유와 절제입니다. 이런 것들을 막을 법이 없습니다. 그리스도 예수께
속한 사람은 정욕과 욕망과 함께 자기의 육체를 십자가에 못 박았습니다
(갈 5:22-24).

여기에 나오는 성령의 아홉 가지 열매는 악행 목록에 반대되는 선행
목록이 아닙니다. 악행 목록이 '금지' 목록이라면, 성령의 열매는 그
사람의 '마음 상태'를 의미한다고 생각합니다. 그래서 '행위'이기 이전에
'정신'입니다. 이런 내용의 성령의 열매들을 언급한 이유는 이런 열매들
을 향유할 수 있는 '나무'가 되라는 것입니다.

아홉 가지의 열매들을 보통 세 그룹으로 나눕니다. 첫 번째는 신앙의
여정에 동행하는 세 주체의 궁극적 특성인데요, 사랑은 하나님의 영역

에서, 기쁨은 그리스도의 사역에서 그리고 평화는 사람들이 목표로 삼아야 할 궁극적인 상태입니다. 저는 첫 번째 그룹의 주제를 '평화의 삶을 향한 목표'라고 부르고 싶습니다.[5]

두 번째는 인간에 관한 것인데, 인내와 친절과 선함입니다. 그런데 한 점 부끄러움도 없이 항상 인내하고, 친절하고, 선하게 살 수 있을까요? 참는 것도, 친절한 것도, 선한 것도 한계가 있지 않을까요? 그래서 이 덕목들을 오해하지 말아야 합니다. 우리는 인내하면서도 때로는 분노가 내 속에 있고, 친절하면서도 억지로 할 때가 있으며, 선한 모습을 보이면서도 자기중심적인 판단을 할 때가 많습니다. 그래서 두 번째 덕목 세 가지는 '평화의 삶을 향한 내면세계'라고 이름 붙이면 좋겠습니다. 즉, 목표를 향해 가는 삶의 여정이 힘들게 헤엄쳐 나가는 과정인 것을 의미하는 것입니다. 분노와 무리(無理)와 자기 자신 속에서 평화의 길을 놓치지 않는 상태입니다.[6]

---

5 루터는 성령의 아홉 가지 열매를 낱낱이 간략하게 설명한다. 사랑은 나머지 여덟 가지 열매를 포괄하는 개념이다(고전 13:4). 기쁨은 신앙이 주는 행복에 대한 감사와 찬양이다. 화평은 말 그대로 그리스도 안에서 누리는 평화의 삶이다(하, 144-146).

6 인내에 대해 루터는 역경이나 모욕을 참는 것을 넘어서 자기에게 해를 끼친 사람들이 좀 나아지기를 인내로 기다리는 것을 의미한다고 한다(하, 146). 필자의 해설을 붙여보면, 인내의 반대말이 분노이고 또 분노의 다른 반대말은 관대함이라는 점에서 루터의 말에 공감한다. 그래서 인내는 자기의 마음 크기를 넓히는 과정이라고 생각한다. 한 사발의 물에 떨어진 먹물은 물 전체를 더럽히지만, 호수에서는 모든 더러움이 정화되는 것과 같은 이치일 것이다. 억지로 참는 인내가 아니라 넓은 마음속에 들어온 분노의 감정이 머지않아 저절로 사라지게 하는 것이 인내이다. 친절은 자비라고도 번역된다. 루터는 상대방을 예의를 갖추어 대하는 것이라고 해석하였다(하, 147). 선함(양선)은 남을 기쁘게 도와주고 너그럽게 대해주는 것을 의미한다.

끝으로 세 번째 그룹은 신실과 온유와 절제인데, 이것들은 모든 인간이 지녀야 할 덕행 목록이라고 부를 만한 것들입니다. 이미 소크라테스 같은 철학자가 중요하게 가르친 덕목으로서, 바울은 이것들을 그리스도교의 덕목으로 채용한 것입니다. 저는 세 번째 그룹을 '평화의 삶을 향한 연습'이라고 이름 붙이고 싶습니다.[7]

어떻습니까? 앞에 언급된 '악행 목록'과 비교해 보면 차원이 다르지 않습니까? 악행 목록이 율법주의적인 차원에서 나온 것이라면, 성령의 열매는 '복음적인 차원' 위에 있다는 것을 금방 느끼게 됩니다. "이런 것들을 막을 법이 없다"는 바울의 말은 이런 내용은 결코 법의 차원으로 규정할 수 없다는 뜻이기도 하고, 이런 덕목들은 어떤 법에도 위배되지 않는 '합법적'이라는 의미도 지니고 있습니다.

갈라디아 교인들에게 다시 율법 규정들을 도입하는 것은 그들의 외적인 행위들만 제어할 뿐입니다. 하지만 갈라디아 그리스도인들의 내면세계가 변화하지 않으면, 이런 법적 규제들은 억지로, 의무적으로 지켜야만 하는 족쇄 역할만 할 뿐, 복음이 가져오는 평화로운 삶으로 이끌어 가지 못합니다. 그래서 바울은 마지막에 이렇게 말합니다. "그리

---

7 루터는 신실이란 충실함과 정직함을 의미한다고 말한다(하, 148). 부연 설명하자면 신실이란 하나님 앞에서 그리고 사람 앞에서 더 나아가 세상 앞에서 신뢰가 함께하는 성실함을 유지하는 것이라고 생각한다. 루터는 신실한 사람은 잘 믿어주는 사람이라고 하면서 모든 사람을 믿어주지만, "그러나 누구도 신뢰하지 않는다"고 한다. 이 말의 의미는 자기가 어느 정도는 속는 줄 알면서도 믿음을 지키는 것을 의미한다고 한다. 온유는 쉽게 노여움을 타지 않는 덕이라고 하는데, 무리한 자기주장을 일삼지 않는 사람이 가지는 덕목이라고 생각한다. 끝으로 루터에 따르면 절제는 삶의 발자국마다 에서 맑은 정신, 온화함, 절제를 의미한다고 한다.

스도 예수께 속한 사람은 정욕과 욕망과 함께 자기의 육체를 십자가에 못 박았다"고 말입니다.

육신의 욕망과 성령이 싸우는 현장 속에서 내 마음이 어떻게든지 하나님과 그리스도와 그리고 이웃들과 평화롭게 살아가는 그 길을 발견하게 되기를 소망합니다.

20장
권고를 위한 금언들
(갈 5:25-6:10)

1. 성령의 인도로 사는 그리스도인(5:25-6:1)

우리가 성령으로 삶을 얻었으니, 우리는 성령이 인도해 주심을 따라 살아 갑시다. 우리는 잘난 체하거나 서로 노엽게 하거나 질투하거나 하지 않도록 합시다.

형제자매 여러분, 어떤 사람이 어떤 죄에 빠진 일이 드러나면, 성령의 인도 하심을 따라 사는 사람인 여러분은 온유한 마음으로 그런 사람을 바로잡아 주고, 자기 스스로를 살펴서, 유혹에 빠지지 않도록 조심하십시오(갈 5:25- 6:1).

앞에서 성령의 열매를 언급함으로써 성령적인 삶의 원칙을 제시하었다면, 여기서는 어느 정도 구체적인 권고들이 등장합니다. 그런데 읽어보면 이 권고들은 일종의 금언 또는 격언 형식(*sententia*)을 갖추고 있습니다. 그것은 일방적인 명령이 아니라 '스스로 반성'하도록 유도하는 것입니다. 왜냐하면 갈라디아는 그리스 사상이 지배적인 이방 지역인데, 명령을 내려서 복종시키는 것은 결코 바람직한 방법이 아니기 때문이라는 것을 바울은 잘 알고 있었기 때문입니다. 그래서 처음 단락은 성령을 강조하고, 나머지 금언들은 그리스도교를 넘어선 일반적인 교양인들에게도 해당되는 것들로 구성되어 있습니다.

성령이 인도하는 사람은 잘난 체하거나, 분노를 유발하거나, 질투하지 않아야 한다고 합니다. 이런 일들을 벌이는 사람들을 보게 되면 바로잡아 주어야 하는데, 그때 필요한 것이 온유한 마음입니다. 그런데 그와 동시에 "자기 스스로를 살펴서 유혹에 빠지지 않도록 조심"하라고 합니다.

'잘난 체'[1]라는 말은 지적이고 도덕적인 허풍으로 상대방에게 자신의 능력을 과시하는 행동입니다. '서로 노엽게' 한다는 말은 싸움을 거는 행동인데, 서로에 대한 적대감을 보이는 자극과 도전을 의미하고, '질투'는 같은 상황에서 서로 얼굴을 돌린다는 뜻이 담겨 있습니다. 그러므로 성령의 인도를 받는 사람은 "남을 자기 아래 굴복시키려 하지

---

1 '잘난 체'라는 번역은 개역성서에서는 '헛된 영광'이라고 한다. 그 의미는 '영예를 구하는 것'이다. 그래서 루터는 교만이라고 해석한다. 교만은 자기의 고집대로만 하려는 것인데, 루터는 그런 이에게는 감독의 자격이 없다고 하였다(하, 151). 잘난 체는 모든 사회계층과 역사의 모든 시기 속에 나타나는 것인 동시에 감염병인데, 교회의 지도자들 안에 가장 치명적으로 발병한다고 한다(하, 152).

도, 남에게 적대감을 가지고 정복하려고 하거나 아니면 질투와 증오심으로 고개를 돌리지 않는다"는 것입니다. 그런데 지키기 참 어려운 금언입니다.[2]

만일 우리에게 이런 일이 벌어지게 되면, 바울의 "자신을 돌아보라"는 권고가 어쩌면 핵심적 해결책일 수 있습니다. 사실 우리는 그리스도교 신앙 세계에서 벌어지는 '못된 일들'을 보면, 그것이 잘못된 일이라고 비판합니다. 본문에는 '죄에 빠진 일'(trespass, παράπτωμα)이라고 번역되어 있습니다. 바울은 그때 이것을 바로잡아(restore) 주어야 한다고 말합니다. 그러므로 이것을 모른 척하거나 정말로 못 느끼고 넘어가는 것은 정의롭지 못하기 때문에, "아닌 것은 아니다"라고 말할 수 있어야 합니다. 이것을 온유한 마음으로 하라고 하는 데는 이유가 있다고 봅니다.[3]

---

2 성령으로 산다는 것, 원문으로 하면 성령으로 걷는다는 뜻인데, 이것은 헛된 영광(잘난 체)을 구하거나 분노하고 시기하는 사람들을 겸손하고 온유하고 사랑하는 사람들로 변화시킨다(하, 153). 자신의 영광에 욕심을 부리다가 변화하여 하나님의 영광을 찾으며, 서로에게 투기하다가 변하여 서로 양보하고 존경하게 된다. 그런데 그 속에는 자신을 속이는 사람들이 섞여 있는데, 그들은 여전히 자기 영광에 욕심을 부리고, 서로 다투고 투기하면서도 자신이 성령을 소유하고 성령으로 살고 있다고 자랑한다. 루터는 그들은 하나님 나라를 유업으로 받을 수 없는 심판을 이미 받았다고 말한다.

3 루터는 잘난 체(헛된 영광)하지 말라는 것에 이어서 두 번째로 6장 1절의 말씀을 꼽는다. 고린도전서 13장 7절에서 사랑은 모든 것을 참고 믿고 바라고 견딘다는 말을 마치 "사랑으로 형제의 잘못을 무조건 덮어주라"는 의미로 해석하지 않기를 간절하게 권면한다. 사실 공동체 안에 심각한 문제가 발생하였을 때, 그리스도인의 일치를 위한다는 명목으로 하나님의 은혜를 내세워 없었던 일처럼 무마시키는 것에 루터는 반대한다(하, 163-164). 루터의 다른 주장 속에도 나타나 있는 것인데, 옳은 것은 옳다고 하고, 그른 것은 그르다고 말하는 것이 그리스도인의 의무이다. 교회의 일치를 위한다는 이

앞에 언급한 대로 잘난 척도, 분노도, 질투도 아닌 마음으로 하라는 것인데, 잘못하면 잘못을 고쳐준다고 나섰다가 자신도 같은 잘못을 범하는 유혹에 빠질지 모르기 때문입니다. 그러니 정작 중요한 것은 자신의 문제입니다. 그럴 때마다 자신은 어떠했는지 돌아보라는 것이 바울의 깊은 권고입니다. 스스로를 돌아보고 깨달음을 얻는 것이 자신에게 정말로 유익하다는 것입니다.[4]

2. 타인과 자신은 서로의 거울입니다(6:2-4)

여러분은 서로 남의 짐을 져 주십시오. 그렇게 하면 여러분이 그리스도의 법을 성취하실 것입니다. 어떤 사람이 아무것도 아니면서 무엇이 된 것처

유 때문에 교회 전체가 그릇된 길로 가도록 버려두는 것은 진리가 아니다. 그리스도인 공동체는 언제나 그리스도의 가르침에 따라서 교회를 유지하여야 한다. 만일 잘못된 길을 가려고 할 때 공동체 내부의 '온유한 바른 소리'에 귀를 기울이지 않으면, 교회는 자정(自淨)능력을 상실하고 십자가 대신 헛된 영광의 나락으로 떨어진다. 오늘 우리의 상황이라면, 이것을 교회 밖의 세상이 보고 교회를 비웃는다. 그 비웃음은 그리스도인의 교회가 십자가에 달리신 주님께 스스로 돌려드리는 악취다.

4 루터는 모든 사람이 미끄러운 곳에 산다는 말로, 누구든지 잘못을 행할 수 있다고 본다. 타락한 사람들을 거칠고 불친절하게 대하는 바리새인을 보면서 자신을 거룩하다고 여기면 안 된다는 것을 배워야 한다(하, 171-172). 하나님을 향해서든 형제를 향해서는 교만은 하나님께서 용납하지 않으신다. 교만은 낫기 힘든 영적 나병이다. 그래서 교회의 타락을 보고 고쳐야 한다고 말할 때, 자신을 같은 눈으로 돌아보는 일이 자신을 살린다. 왜냐하면 그는 비판만 하는 것이 아니라 연민(compassion)의 눈으로 함께 아파하고 있기 때문이다.

럼 생각하면, 그는 자기를 속이는 것입니다. 각 사람은 자기 일을 살펴보십
시오. 그러면 자기에게는 자랑거리가 있더라도, 남에게까지 자랑할 것은
없을 것입니다(갈 6:2-4).

그리스도의 법이 '서로 남의 짐을 져주는 것'이라니 무슨 뜻일까요?
친구와의 우정(friendship)에 대하여 이미 소크라테스도 자주 강조했던
것으로 보아, 서로의 짐을 함께 지는 것은 그리스 세계의 덕목인 것이
분명합니다. 그런데 바울은 이것이 그리스도의 법을 성취하는 일이라
고 말합니다.

복음서에 나오는 황금률인 "남에게 대접 받고자 하는 대로, 너희도
남을 대접하라"(마 7:12)라는 말씀을 기억하실 것입니다. 이 문장을
곡해해서 "남을 대접하면 똑같이 자신도 대접을 받게 된다"고 해석하면
큰 문제를 만듭니다. '서로 남의 짐을 져주는 것'을 곡해하면, 상대방에게
나의 짐을 지도록 강요하는 일도 가능하다고 생각할지 모릅니다. 또는
내 짐을 대신 져주는 사람에게 계속 기대는 것도 내버려두어야 할지
모릅니다. 물론 그런 뜻이 아닙니다.

'그리스도의 법'이라는 말속에 그 해답이 있다고 봅니다.5 두 사람이
그리스도의 일을 감당할 때 같은 방향으로 바라보고 같은 수고를 하라는

---

5 루터는 사회의 모든 자리와 모든 사람은 결점을 가지고 있다고 한다. 그래서 바울이
  그리스도인들을 위하여 그리스도의 법을 언급했다. 그리고 그 법은 서로의 짐을 지라
  는 것이다. 이것이 사랑의 법이다. 이 법을 어기면 그 상처는 인간 개인이 아닌 그리스도
  의 왕국에 주는 상처이다(하, 174).

의미인 것 같습니다. 밭을 갈 때 소의 곁에 겨릿소를 함께 멍에를 지도록
묶어주면 한결 수월하게 일을 마칠 수 있습니다. 그런데 그 겨릿소가
제 멋대로 방향을 바꾼다면 밭일은 엄청나게 힘들어집니다. 그리스도
의 일을 하는 데는 협력이 필요합니다. 같은 정신, 같은 열정 그리고
그리스도에 대한 신뢰가 분명해야 합니다. 그래야 '불의한 일'을 함께
도모하거나 서로의 잘못을 눈감아주는 그런 이상한 '짐 져주기'는 일어
나지 않게 됩니다.

갈라디아 교인들에게는 아마도 율법과 할례의 짐이 문제가 되었을
것입니다. 그때 같은 문제를 같이 고민하면서 율법 대신에 그리스도의
법을 따르는 길을 함께 모색하라는 의미가 될 것입니다.

이 대목에서 주는 두 번째 금언 "어떤 사람이 아무것도 아니면서
무엇이 된 것처럼 생각하면, 그는 자기를 속이는 것입니다"라는 말
역시 철학자들이 이미 언급한 것입니다. 델피 신전의 격언 "너 자신을
알라"와 비슷한 느낌입니다. 여기서는 거짓 교사들의 명령 몇 가지를
실천했다고 마치 자신이 성령의 인도대로 잘 살고 있다고 착각하는
사람들을 향한 경구라고 볼 수 있습니다.[6] 고린도전서 3장 18절에서도
바울은 아무도 자기를 속이지 말라고 말하고, 야고보도 자기 마음을

---

[6] 루터 역시 자신이 성령을 가졌다고 착각하는 자들과 자신이 성서의 모든 비밀을 이해한
다고 생각하는 사람들을 그런 사람들이라고 한다. 그들은 스스로 잘못하거나 타락할
수 없다고 믿는 자들이다. 루터의 말에 따르면 그들 역시 자신을 스스로 속이는 자들이
다. 심지어 그리스도도 모르고 그리스도의 법도 모르는 자들이다(하, 175). 루터가 누
구를 염두에 두었을까? 당연히 성직자들이다. 일차적으로는 가톨릭 사제들이고, 이차
적으로는 루터파 목사들이다.

속이면 헛된 신앙이라고 말합니다(약 1:26).

사람은 누구나 '외양'과 '실제 모습' 두 가지를 가지고 삽니다. 저는 이것을 '남이 아는 나'와 '자기만 아는 나'라고 부릅니다. 이 두 가지가 완전히 일치되는 것이 반드시 좋은 것인지는 잘 모르겠습니다. 마음대로 말하고 행동해서 상대방을 불편하게 하는 외양을 그대로 드러내는 것보다는, 차라리 실제 모습은 그러하더라도 겉으로 보기에는 남에게 불편함을 끼치지 않는 것이 더 나을 수 있기 때문입니다. 일종의 체면 같은 것입니다. 더 좋게 표현하면 교양이 있는 것이지요.

가장 큰 문제는 '실제 모습'은 전혀 그렇지 않은데 '외양'으로 보이는 모습이 자신의 진짜 모습이라고 생각하는 것입니다.7 이것이 바로 '자신을 속이는 것'입니다. 겉과 속이 다른데 똑같다고 스스로 생각하는 사람은 정말 그렇게 믿고 있는 것입니다. 스스로를 속일 수 있어야 남을 속일 수 있기 때문입니다.

자신을 아는 사람은 무엇을 좀 잘 하였다고 해서 남에게 드러내 놓고 자랑하지 않습니다. 4절에서 "자기 일을 잘 살펴보십시오"라고 하는 말속에서 '살펴보다'(dokimazo, δοκιμάζω)라는 말은 '시험하다'(test), '증명하다'(prove)의 뜻입니다. 적당히 보는 것이 아니라 시험을 치르듯이 뜯어보라는 것입니다. 그런데 이 단어를 당시 철학자들이

---

7 루터는 이 문제 역시 '헛된 영광'(잘난 체)에 해당한다고 본다. 헛된 영광을 추구하는 일은 '추하고 저주받은 악덕'이다. 그리고 온갖 종류의 악을 만드는 계기가 된다. 잘난 체(헛된 영광)에 감염된 자들은 자기의 성직이 순수한지에 관해서는 관심이 없고, 오로지 군중의 갈채를 받는 데만 관심을 둔다(하, 177). "모두 다 자기의 일에만 관심이 있고, 그리스도 예수의 일에는 관심이 없습니다"(빌 2:21).

많이 사용하였습니다. '비판적으로 검토하다'라는 의미로 사용하였기 때문입니다.

바울이 이 용어를 채택한 것은 당연히 할례와 율법 준수 같은 행동주의적인 단순한 신앙을 경계하기 위함이라고 생각합니다. 몇 가지 행동을 남기는 사람은 그 행위를 기억하고 자랑거리로 내놓기 좋아합니다.[8] 바울이 가르치는 신앙은 그리스도인의 '자기성찰'입니다. 하지만 그 당시에도 그리고 오늘날에도 여전히 부족한 것이 바로 자기 스스로를 돌아보는 일입니다. 그 때문에 교회 안에서 분쟁이 생기고, 부끄러운 일을 부끄럽게 여기지 않게 되는 것입니다.

---

8 설교자가 자신이 유명하게 되고 영광스럽게 되려는 마음이 바로 자랑이다. 그런데 이런 자랑의 병이 그리스도인들에게 끼치는 나쁜 영향이 엄청나다. 잘 믿어서 사업에 성공하고 부와 명예를 얻게 되었다는 말에 현혹되면, 그리스도인들은 사람들 앞에서 찬사를 받는 자랑의 전선에 앞장서게 되고, 그로 말미암아 자랑할 것이 없는 사람들에게 큰 상처를 입힌다. 그리스도인의 자랑과 기쁨은 오로지 주님 안에 있다. 이 말은 하나님이 기뻐하시는 직무를 실천하면서 행복을 느끼는 것을 의미한다고 루터는 말한다(하, 179-180). 여기서 루터의 십자가 신학을 언급해야 할 것 같다. 루터 자신도 이 대목에서 고린도전서 1장 18절의 일부를 인용한다. "십자가의 말씀이 멸망할 자들에게는 어리석은 것이지만, 구원을 받는 사람인 우리에게는 하나님의 능력입니다." 500년 전 영광의 신학을 내세우던 교회를 향해 십자가의 신학을 주장했던 루터는, 하나님께서 보여주시는 것을 보라고 한다. 하나님은 그리스도를 십자가 위로 보내셨다. 그 십자가의 그리스도를 추구하는 것이 신앙의 길이다. 그리스도인 개인도 그리고 그리스도의 교회도 헛된 영광을 내세우거나 업적을 자랑하는 그런 길을 따라가면 안 된다. 그런 길은 그리스도에게는 없는 길이다.

3. 자신의 책임을 스스로 감당하기(6:5-6)

사람은 각각 자기 몫의 짐을 져야 합니다. 말씀을 배우는 사람은 가르치는 사람과 모든 좋은 것을 함께 나누어야 합니다(갈 6:5-6).

갈라디아 교인 스스로 져야 할 짐은 무엇일까 생각해 봅니다. 당시의 격언 중에 "세속적인 직업을 감당조차 못 하는 우리가 철학자라는 직업을 맡고 있다니 얼마나 무거운 짐인가?"라는 말이 있습니다.[9] 철학자라고 해서 먹고사는 일을 하지 않을 수는 없다는 말입니다. 앞서 서로의 짐을 대신 져주라는 말과 반대되는 말입니다.

여기서 바울이 말하는 것은 자신이 맡아야 할 것을 남에게 미루지 말라는 의미도 되고 또 자기가 질 수 있는 만큼만 감당하려고 하라는 뜻도 됩니다. 그러므로 그리스도인은 자신이 맡아야 할 일을 남에게 미루지도 말아야 하고, 자신이 감당하기 어려운 일을 자기가 지겠다고 욕심을 부리지도 말아야 한다는 뜻이 되겠지요.[10]

---

9 한스 디터 벳츠, 『갈라디아서』, 606.

10 루터는 이 대목이 진실한 행위와 위선적인 행위를 비교하고 있다고 해설한다. 하나님의 말씀과 그리스도의 가르침을 완벽하게 따를 수는 없지만, 적어도 진지하게 부르심에 합당하게 사역을 감당하고 있다는 우리 양심의 증거가 필요하다는 말이다(하, 184). 즉, 자기의 짐이란 성직의 짐이다. 루터에게는 일차적으로 목회자들의 선한 양심, 양심의 증거가 중요하였다. 1521년 보름스 제국회의의 심문을 받을 때 루터는 최후진술에서 성서와 양심을 언급하면서, 자신의 주장을 취소하지 못한다고 선언하였다. 헛된 영광을 구하지 않고 자기가 맡은 일을 제대로 감당하고 있는지 묻는 자기 양심의 소리를 들으려고 하지 않으면, 그 양심의 울림소리는 점점 희미해지고 만다.

끝으로 등장하는 금언은 해석이 쉽지 않습니다. "말씀을 배우는 사람은 가르치는 사람과 모든 좋은 것을 함께 나누어야 합니다"(6절). 역사적 정황과 문자적인 내용을 고려하여 나온 해석은 "학생은 스승과 생활용품을 나누라"는 것인데,[11] 고대의 교부들이 이렇게 해석했다고 합니다. 그런데 이것은 전혀 그리스도교적인 특성을 담고 있는 말이 아닙니다. 그래서 혹시 이 말이 당시에 관심을 끌던 '공동재산제'를 뜻하는 것은 아닐까 생각해 볼 수 있습니다.

하지만 이 말이 갈라디아교회를 향한 바울의 말이었다는 점에서, 이것은 갈라디아의 교육 상황에 관한 언급이라고 보는 것이 타당할 듯합니다. 즉, 갈라디아교회의 교육을 담당하는 진정한 교사들에 대한 처우를 언급한다고 추측하는 것으로 만족해야 합니다.[12]

---

11 한스 디터 벳츠, 『갈라디아서』, 608.

12 루터가 이 대목을 잘 해설하였다고 생각한다. 바울의 시대에는 전도자들의 쓸 것을 교회가 마련하여야 하였다. 비록 그들 역시 가난하다고 해도 말이다. 하지만 루터의 시대는 전혀 달랐다. 교황청은 장엄한 대성당 건축을 위해 많은 헌금을 거두어들였고, 다른 성직자들도 재산을 늘리고 있었다. 그런 상황이라면 바울의 이 말은 무의미하다. 루터는 자기 시대에는 목사와 말씀의 종들이 가난을 참아야 한다고 말한다(하, 185). 루터는 이 대목을 가지고 당시에 벌어지는 여러 가지 종류의 '강제적인 헌금 수납'을 비판하였다. 이 모든 강제징수로부터 복음이 해방시켰다고 말한다. 그러나 원칙은 분명하다. 참된 신자들은 자신들의 목회자가 궁핍으로 고통당하게 내버려두지 않는다. 그래서 필요한 만큼의 돌보는 손길이 있어야 한다고 루터는 주장한다(하, 188-189). 어쩌면 이 문제 역시 오늘날에도 큰 울림을 주는 것 같아 마음이 아프다. 목회자에게 기초적인 생활비도 제공하지 못할 정도로 가난한 교회와 목회자가 겪는 어려움과 자녀의 유학 비용까지 다 마련해 줄 정도의 규모를 자랑하는 큰 교회의 목사들의 삶을 비교하는 일 자체가 어불성설이다. 교단 내 교회들과 목회자들 사이의 나눔과 섬김은 개별적인 차원의 문제가 아니라 교단의 문제다. 필요한 만큼의 물질이라는 말은 너무

4. 종말론적 경고(6:7-9)

자기를 속이지 마십시오. 하나님은 조롱을 받으실 분이 아니십니다. 사람은 무엇을 심든지, 심은 대로 거둘 것입니다. 자기 육체에다 심는 사람은 육체에서 썩을 것을 거두고, 성령에다 심는 사람은 성령에게서 영생을 거둘 것입니다. 선한 일을 하다가, 낙심하지 맙시다. 지쳐서 넘어지지 아니하면, 때가 이를 때에 거두게 될 것입니다(갈 6:7-9).

"자기를 속이지 말라"는 경구가 반복해서 나오는데, 저는 이 말을 "자신에게 속지 마시오"라고 뒤집어서 이해하고 싶습니다. 그런데 그 행위가 '하나님을 조롱하는 것'이 되기 때문이라는 말이 참 가슴에 와 닿습니다. 조롱한다는 것은 '경멸한다'는 뜻입니다. 드러내 놓고 하나님을 경멸스럽게 대하는 그리스도인은 없을 것입니다. 하지만 자신을 속이면 그리고 자신에게 속아 넘어가면, 자기가 하나님을 어떻게 대하고 있는지 알 길이 없게 됩니다.

"자기가 심은 대로 거둔다"는 말도 새로운 말이 아닙니다. 여기서는 종말론적인 의미를 담고 있으니, 마지막 심판을 뜻하는 것입니다. 할례와 율법주의를 따르면, 그리스도의 십자가를 의미 없게 만든다는 갈라디아서 전체의 사상이 "심은 대로 거둔다"는 경구 안에 담겨 있습니다. 그래서 8절에서 한 번 더 강조하는 것입니다. 육과 영을 대비시켜 썩을

적어서 고통당하지 않고 목회에 집중하게 하려는 것이고, 반대로 물질이 너무 많아서 물질에 사로잡히지 않도록 하려는 것이다.

것과 영생을 비교합니다.[13]

9절은 종말론적인 권고의 마지막 부분인데, 바울은 지금까지의 권고들을 '선한 일'이라고 부릅니다. 선한 일은 5장에 나오는 성령의 열매를 맺는 것이고, 다른 사람의 짐을 함께 져주면서 자신의 모습을 스스로 돌아보는 것을 의미합니다. 무엇보다도 하나님 앞에서 자신의 모습을 그대로 내어놓는 것이 중요합니다. 그리고 선한 일은 중도에 포기하지 말고 지녀야 하는 끈기 있는 마음에서 나옵니다.

5. 요약(6:10)

그러므로 기회가 있는 동안에, 모든 사람에게 선한 일을 합시다. 특히 믿음의 식구들에게는 더욱 그렇게 합시다(갈 6:10).

갈라디아서의 역사적 정황을 고려하면서 오늘 우리에게 주는 교훈을 생각해 보지 않을 수 없습니다. 갈라디아 교인들에게 할례로 대표되는 율법주의가 그리스도의 십자가 복음에 대한 신앙을 방해하는 것이

---

13 루터는 이 대목에서 그동안 강조하지 않던 '선행'을 앞세운다. 모든 그리스도인은 선행을 통하여 "그들의 믿음을 실천하는 일들이 필요하다"고 말한다(하, 192). 물질 그 자체에는 선과 악의 개념이 없다. 하지만 만일 그 물질을 무작정 긁어모아 들여서 자신의 것으로 삼으려고만 한다면, 그것은 육체를 위하여 심는 일이 되고 만다. 반대로 그 물질이 하나님 나라의 사역을 하는 데 사용되도록 모인다면, 이것은 성령을 위하여 심는 것이 된다(하, 193).

문제였다면, 오늘날에는 어떤 경우에 해당될까요?

신앙의 외적인 형식만 충족하면 그 외의 다른 모든 일은 신앙적인 판단에서 저절로 이루어질 수 있을까요? 쉬운 말로 하면, 교회 일에 충성하고 인정받으면 정말로 그리스도의 참된 제자일까요? 그의 모든 삶에서 하는 일이 그리스도의 신앙에 합당한 일이 될까요? 저는 "그렇지 않다"고 스스로 반성하는 자세가 오히려 더 신앙적이라고 생각합니다. 항상 그리스도라면 이럴 때 어떻게 하실까 숙고해 보아야 하고, 혹시라도 이것이 나의 육신적 욕망에서 나온 것이 아닌지 고민해야 합니다.

믿음의 식구끼리 각각의 욕심대로 판단하기 때문에 충돌과 분열이 발생합니다. 서로 자기 뜻이 하나님의 뜻이라고 주장한다면, 그들은 더 이상 믿음의 한 식구가 아닙니다. 한 편이라도 한발 물러서서 과연 하나님의 뜻이 무엇인지 그리고 자신이 아니라 이 믿음의 공동체가 중심이 되도록 자신의 입을 닫고 침묵할 줄 알아야 합니다. 그렇게 서로를 온유하게 대하기 시작할 때, 성령께서 직접 우리를 인도하시기 때문입니다.

21장
결론: 마지막 경고와 축복
(갈 6:11-18)

1. 거짓 교사들의 자랑(6:11-13)

보십시오, 내가 여러분에게 직접 이렇게 큰 글자로 적습니다. 육체의 겉모양을 꾸미기를 좋아하는 사람은, 여러분에게 할례를 받으라고 강요합니다. 그것은 그들이 그리스도의 십자가 때문에 받는 박해를 면하고자 하는 것입니다. 할례를 받는 사람들 스스로도 율법을 지키지 않으면서 여러분에게 할례를 받게 하려는 것은, 여러분의 육체를 이용하여 자랑하려는 것입니다(갈 6:11-13).

친필로 편지를 쓰고 있다는 바울의 후기는 이 편지의 중요성을 의미합니다. 마지막으로 바울은 다시 한번 갈라디아서의 핵심 주제를 요약하고 있습니다. 갈라디아 교인에게 할례를 강요하는 할례파는 육체의 겉모양을 꾸미기 좋아하는 형식주의자라는 것입니다. 그런데 그렇게 강요하는 이유가 두 가지 있는데, 첫째는 할례가 '박해를 피할 명분'을 준다는 것이고, 둘째는 할례가 '자랑거리'가 된다는 것입니다.

조선 시대 사극을 보면 양반은 상투를 틀어 머리를 묶어 올린 후에 반드시 갓을 씁니다. 갓끈은 화려하여 그의 신분을 나타냅니다. 그를 만나는 사람들은 반드시 양반에 대한 예를 갖추어야 합니다. 반면에 상민이나 노비들의 외모는 형편없기 짝이 없습니다. 그래서 하대를 당하기 일쑤입니다. 심지어 노비들은 주인으로부터 심한 체벌을 당하기도 하고, 사람이 아니라 소유물 취급을 받기도 합니다. 그래서 장사해서 돈을 좀 번 상인들은 어떻게 해서든지 양반 지위를 매입하려 하며, 노비들은 어떻게든지 천민 신분에서 벗어나려고 하는 것입니다. 이처럼 외형은 신분과 밀접하게 연결됩니다.

마찬가지로 할례는 유대인의 상징이고, 하나님의 백성으로서 율법을 잘 지킨다는 의미를 담고 있습니다. 비록 이방인으로 출생하였지만 유대인이 되는 표지인 할례를 받음으로써 유대교에 들어오면, 이제부터는 무할례자 그리스도인이라는 핍박을 피할 수 있게 될 뿐만 아니라 스스로 유대인의 회(會)에 가입되었다는 자부심으로 살 수 있다는 것이 바로 할례파의 유혹입니다.[1]

---

1 이에 관하여 루터는 바울의 심경을 이렇게 표현하였다. "보아라, 내가 너희의 [거짓] 교사들이 어떤 자들인지 너희에게 보여주고 있으며 그들을 서술하고 있다. 첫째로 그들은 자신들의 영광만을 구하고 그들의 배에만 관심하는 헛된 영광의 사람들이다. 둘

여기서 등장하는 근본적인 질문이 있습니다. 현실이 그러한데도 바울은 왜 그렇게 할례로 대표되는 율법 준수를 거부하였을까요? 물론 율법을 무시하려 하지도 않으면서 말입니다. 다른 말로 표현하면, 율법을 버리지도 않고, 동시에 율법의 지배를 받지도 않으려는 이유가 무엇인지 궁금하다는 것입니다.

답은 생각보다 단순하고 분명합니다. 그리스도인의 범주가 유대인이라는 혈통적 범주보다 훨씬 넓기 때문입니다. 율법은 하나님의 백성으로 살도록 인도하는 선한 내용들을 담고 있지만, 그 율법을 소중하게 생각한다고 해서 유대인으로 살 필요는 전혀 없기 때문입니다. 아니, 할례를 받는다면 율법 전체를 지켜야 할 유대인의 의무를 지니는 것이 되기 때문에 그리스도의 십자가는 설 자리를 잃어버리는 결과가 된다고 바울은 확신하였습니다.

저는 이것을 복음서(마 9:17; 막 2:22; 눅 5:37)에 나오는 '새 포도주와 낡은 가죽 부대' 비유와 일치한다고 생각합니다. 유대교의 껍질을 깨뜨리고 일어선 예수 그리스도를 알면서도 다시 유대교의 낡은 부대 속으로 들어가 버린다면, 결국 그 낡은 부대가 찢어져 새 포도주(그리스도인)를 다 버린다는 뜻입니다. 그래서 새 포도주는 새 부대에 넣어야지 낡은 부대에 넣으면 안 됩니다. 할례와 율법은 낡은 부대입니다. 그러므로

째로 그들은 박해를 피하여 도망하는 자들이다. 마침내 그들은 확실하고 참된 것은 아무것도 가르치지 못하고 그들이 말하고 행하는 것은 거짓된 것임을 가르친다. 그러므로 그들의 몸짓과 의식으로 율법을 외형적으로 지킨다고 해도, 그들은 그런 행위로 율법을 참되게 지키지 않고 있다"(하, 198).

예수 그리스도와 그리스도인은 반드시 십자가를 붙잡고 살아야 하는 것입니다.

2. 바울의 자랑(6:14-16)

그런데 내게는 우리 주 예수 그리스도의 십자가 밖에는, 자랑할 것이 아무 것도 없습니다. 그리스도로 말미암아, 내 쪽에서 보면 세상이 죽었고, 세상 쪽에서 보면 내가 죽었습니다. 할례를 받거나 안 받는 것이 중요한 것이 아니라 새롭게 창조되는 것이 중요합니다. 이 표준을 따라 사는 사람들에게와 하나님의 백성 이스라엘에게 평화와 자비가 있기를 빕니다(갈 6:14-16).

바울은 '육체의 겉모양 꾸미기'로 자랑거리를 삼지 않고, '그리스도의 십자가'만을 자랑거리로 삼았습니다.[2] 그런데 바울이 유일하게 자랑

---

2 다시 십자가의 중요성이 부각된다. 루터는 십자가의 의미를 마태복음 5장 11절로 설명한다. "너희가 나 때문에 모욕을 당하고 박해를 받고, 터무니없는 말로 온갖 비난을 받으면 복이 있다." 그러므로 그리스도인의 자랑거리는 권력도 부도 명예도 지혜도 안락함도 아니다. 십자가는 믿는 사람들이 겪는 모든 고난을 말한다(하, 202). 바울의 시대의 십자가는 루터의 시대에도 다른 모양으로 존재하였다. 그리스도의 십자가 정신이 소멸된 세상과 교회를 향하여 외친 루터의 십자가는 그를 엄청난 고통 속으로 밀어 넣었다. 루터는 이것을 버텼고, 교회를 개혁하였다. 오늘 우리에게도 그리스도를 순수하게 가르치고 배워야 한다. 그리스도를 이용해서 우리의 욕심을 채우고 그것을 드러내어 자랑하는 것이 아니라 순수한 그리스도의 정신이 이 땅에 구현되는 일이 보여

하는 '예수 그리스도의 십자가'는 이런 의미를 담고 있다고 말합니다. "나는 세상에 대하여, 세상은 나에 대하여 십자가형을 받은 것"이라고 말입니다. 그렇다면 십자가는 '인생의 가치관'을 완전히 바꾸어 놓은 대사건입니다.3

할례나 무할례는 아무것도 아니라는 말은 그런 문제는 아주 사소한 것이라는 뜻입니다. 그런 것을 따지는 대신에 '새로운 창조'를 강조하는 바울의 말속에는 유대교의 구습으로 돌아가려고 하지 말고 '앞으로' 나아가라는 권고가 담겨 있습니다.

'새로운 창조'란 '그리스도 안에서'(in Christ) 새롭게 창조되었다는 뜻입니다. 바울이 사울이었을 때 그는 그리스도인 박해자 편에 있었습니다. 그때의 사울은 십자가에서 죽었으니 이제는 세상으로부터 돌아서서 새로운 창조를 받은 것입니다. 이제 바울이라는 이름으로 사는 그는 더 이상 유대인들의 세상으로 다시 돌아갈 수 없습니다. 그는 그리스도 안에서 다시 태어났기 때문입니다.

외형이 아닌 십자가를 자랑한다는 바울의 말은 오늘 우리에게도

주는 기쁨을 드러내야 한다는 말이다. 대적자들의 험담과 증오와 박해 따위는 그리스도의 십자가에 비하면 아무것도 아니다.

3 루터의 설명은 "세상은 나를 정죄 받은 자로 보지만, 나는 오히려 세상을 정죄 받은 것으로 여긴다"라는 의미이다(하, 204). 예수 그리스도의 십자가는 기존 전통에 대한 강력한 역설적 '해체 선언'이다. 세상이 그리스도를 못 박아 죽였지만, 오히려 그 십자가 죽음은 세상의 모든 가치와 전통을 뒤엎는 선언이다. 여기서 세상이란 우리가 사는 공간을 의미하는 것이 아니라 탐욕이 지배하는 세상적인 가치관이다. 탐욕으로 얼룩진 세상적인 가치관을 교회 공동체 안으로 끌어들이면 어떻게 될까? 그 안에서도 십자가와 세상이 갈등을 일으킬 것이다.

중요한 의미가 있습니다. 인간은 자신들의 업적을 내세우고 자랑합니다. 개인도 그렇지만, 사회도 그렇습니다. 그리고 갈라디아서를 잘 알고 있는 현대의 그리스도인들 사이에서도 똑같습니다.

자신의 업적을 자랑하지 않는 것이란 그리스도인에게 자랑할 것은 단지 '그리스도'뿐이라는 의미입니다. 이 말은 지금의 내가 된 것은 내 능력으로 된 것이 아니라 예수 그리스도의 십자가를 통해 받은 하나님의 은혜임을 잊지 않아야 한다는 뜻입니다. 그래서 바울은 말합니다. "자랑하는 자는 주 안에서 자랑할지니라"(고후 10:17).

3. 예수의 Stigma(6:17-18)

이제부터는 아무도 나를 괴롭히지 마십시오. 나는 내 몸에 예수의 상처 자국을 지고 다닙니다. 형제자매 여러분, 우리 주 예수 그리스도의 은혜가 여러분의 심령에 있기를 빕니다. 아멘(갈 6:17-18).

마지막 인사말입니다. 그런데 바울은 자기를 더 이상 괴롭게 하지 말라고 부탁합니다. 유대교의 전통을 지키라는 끊임없는 요구도 그렇고, 겨우 설립해 놓은 교회 안에 할례파가 등장해서 신앙을 혼란스럽게 만드는 것도 모두 다 바울에게는 큰 괴로움이었을 것입니다. 바울은 선언합니다. 자신의 몸에는 이미 예수의 상처 자국이 있으니 더 이상 뒤로 되돌릴 생각하지 말라는 경고이기도 합니다.

'예수의 상처 자국'을 스티그마(Stigma)라고 합니다. 또한 성흔(聖痕)이라고도 합니다. 13세기경에는 예수가 입은 손과 발 그리고 옆구리의 상처가 신실한 수도사들의 몸에 나타난 기록들이 나옵니다. 이를 그리스도의 오상(五傷)이라고 부릅니다.

아시시 출신의 성 프란체스코 수도사(1182~1226)에 대한 전기『프란체스코의 작은 꽃들』은 그의 사후 이탈리아의 한 수도사인 우골리노(Ugolino)가 기록하였는데, 그 내용 중에 프란체스코의 오상 이야기가 나옵니다.4 물론 성인전기(Hagiography)는 역사성이 현저하게 떨어지지만, 프란체스코라는 실존 인물이 남긴 업적은 그 당시 진정한 그리스도의 제자가 보여준 삶을 대표합니다. 그는 자발적 청빈과 순종의 삶을 살았고, 가난한 이들을 희생 봉사로 섬기느라 건강을 잃어서 겨우 44세의 나이로 생을 마감하였습니다. 그리고 그의 이름을 따라서 프란체스코 수도회가 설립되어 오늘에 이르고 있습니다. 그러니 스티그마는 외형이 아니라 내면에서 활동하는 그리스도의 정신이라고 할 수 있습니다.

바울은 안타까운 마음으로 갈라디아 교인들을 권면하고, 복음과 신앙의 본질을 다시 밝혀 주었습니다. 그리고 마지막 강복 기원으로 그는 갈라디아서를 마칩니다.

---

4 우골리노/박명곤 옮김,『성 프란시스의 작은 꽃들』(크리스천 다이제스트, 2004), 207ff. 루터 역시 프란체스코의 성흔에 관하여 알고 있었다. 하지만 루터는 그것이 그리스도에게서 비롯되었다는 것을 믿지 않았다(하, 214). 바울이 말하는 '예수의 흔적'은 자신이 누구의 종인지를 분명하게 알려주는 표시라고 루터는 말한다. 예수의 종은 예수를 참된 규범으로 삼는다.

저자 후기

    분량으로 보면 겨우 여섯 장밖에 되지 않는 갈라디아서에서 이렇게 많은 감동을 느낄 수 있었다는 것이 기쁘다. 평화목교회에서 예배 후 성서 공부 시간에 일 년 정도 매주 강의한 내용을 합치고, 루터의 갈라디아서 강해를 펼쳐놓고 같은 대목을 비교하면서 각주에 루터의 생각을 붙여 넣었다. 동시에 루터의 해석에 대한 필자의 생각도 첨부하였다.

    500년이 지난 오늘의 시각에서 평가한다면, 루터의 성서 해석이 진부한 것처럼 느껴질지 모르지만, 필자는 루터가 매우 성실한 성서 해석자였음을 알게 되었다. 고대 교부들의 성서 해석을 바탕으로 그들을 수용하기도, 비판하기도 하며 또 중세의 성서 해석의 한계를 그대로 드러내 주는 루터를 보면서, 성서 해석을 하려면 성서 해석의 역사에도 관심을 두어야 한다는 것에 공감하게 되었다.

    루터를 중심으로 종교개혁사를 가르치는 역사신학자인 필자는 성서를 읽을 때 언제나 루터의 사상을 안경 렌즈로 삼게 된다. 그리고 성서는 경전이지만, 문자(text)에 가려져 보이지 않는 역사적 상황(context)에 많은 관심을 가지게 된다. 그래서 이 책『루터와 함께 읽는 갈라디아서』는 바울의 역사적 정황과 1,500년 후 루터의 개혁 상황 그리고 그로부터 500년이 또 지난 2025년 한국교회에 속한 역사신학자의 신앙적 경험을 모두 담고 있다.

역사를 공부하는 사람은 자신의 시대적인 눈으로 과거를 읽게 마련이다. 그때 자기의 시대와 과거를 혼동하지 말아야 한다. 그래서 과거의 것을 현재로 그대로 복사하여 붙이는 일도 하지 말아야 한다. 바울의 갈라디아서를 고대 세계의 상황 속에서 이해하고 나면, 갈라디아서를 통해 바울이 설파하려고 했던 신앙의 본질이 무엇인지 알게 된다. 그러면 그 본질적인 문제 제기를 통하여 오늘 우리의 신앙을 돌아보면 된다는 의미이다.

동시에 중간에서 자신의 시대 속에 바울의 갈라디아서가 어떤 의미였는지를 해석한 루터의 강해를 비교할 수 있다는 것은 갈라디아서가 프로테스탄트 신앙에서 어떤 중요한 역할을 하는지 알게 해준다.

갈라디아서 6장까지 다 읽고 나서, 갈라디아서를 통해서 얻은 프로테스탄트 신앙의 결정적인 교훈이 무엇인지를 말해 보라고 한다면, 필자는 다음의 세 가지를 언급하고 싶다.

첫째, 바울과 루터의 글 속에서 드러나듯이, 신앙에는 형식과 본질이 있다. 형식과 본질 각각의 역할이 있는데, 오래된 종교일수록 혼동하기 쉽다. 그러므로 프로테스탄트는 그 이름처럼 형식과 본질, 율법과 복음이 혼동되어 사용되는 일에 저항해야 한다.

둘째, 묵은 신앙일수록 외적 형식에 대한 강요가 많다. 아무리 선한 것이라도 억지로 하도록 강요하는 것은 내면의 평화를 가져다주지 못한다. 프로테스탄트 신앙은 형식주의적인 강요에 저항해야 한다.

셋째, 그리스도인 마음속은 자신의 욕망과 성령의 투쟁 현장이다. 거기서 평화를 찾는 것은 자기중심주의를 내려놓을 때 가능하다. 프로테스탄트 신앙은 자기를 속이려는 자기 자신의 욕망에 끊임없이 저항해야 한다.

바울의 갈라디아교회는 500년 전 루터의 시대에도 그리고 오늘 여기에도 존재한다. 그리스도의 몸인 교회가 팔레스타인에 국한되지 않고 전 세계로 퍼져 나가게 된 것은 바울의 노력과 신학 덕분이라는 확신이 든다. 현재에도 예수의 정신과 바울의 가르침을 울타리 안에 가두어 질식시키지 말고, 더 넓은 곳으로 퍼져 많은 사람들에게 종교가 주는 자유와 평화를 만끽하게 하는 프로테스탄트 신앙이 되기를 소망한다.

참고문헌

김경희 외. 『신약성서개론』. 대한기독교서회, 2002.

김병모. 『바울의 로마서 이해』. CLC, 2020.

대한성서공회. 『성경전서 새번역』. 2006.

대한예수교장로회총회교육부 편. 『16세기 종교개혁과 개혁교회의 유산』. 한국장로교 출판사, 2003.

루터, 마르틴/한인수 옮김. 『그리스도인의 자유』. 도서출판 경건, 1996.

______/지원용 옮김. 『종교개혁 3대 논문』. 컨콜디아사, 1993.

______/김선회 옮김. 『말틴 루터의 갈라디아서 강해(상, 하)』. 루터대학교 출판부, 2003.

오강남 풀이. 『장자』. 현암사, 2014.

우골리노/박명곤 옮김. 『성 프란시스의 작은 꽃들』. 크리스천 다이제스트, 2004.

호남신학대학교 편. 『성서란 무엇인가?』. 한국장로교출판사, 2005.

홍지훈. 『달란트를 찾아서』. 한들출판사, 2012.

______. 『마르틴 루터와 아나뱁티즘』. 한들, 2000.

______. 『종교개혁 신학과 개신교 신앙』. 동연, 2022.

______. 『홍지훈 교수가 쉽게 쓴 종교개혁자들 이야기』. 신앙과지성사, 2019.

Althaus, Paul/구영철 옮김. 『마르틴 루터의 신학』. 성광문화사, 1994.

Barth, Hans-Martin/정병식 · 홍지훈 옮김. 『마르틴 루터의 신학. 비평적 평가』. 대한기독교서회, 2015.

Betz, Hans Dieter. 『갈라디아』. 한국신학연구소, 1987.

Fitzmyer, Joseph A./김병모 옮김. 『앵커바이블 로마서』. CLC, 2015.

Friedrich Rehkopf. *Geiechisch-Deutsches Wörterbuch zum Neuen Testament*. Göttingen, 1992.

Käsemann, Ernst. 『로마서』. 한국신학연구소, 1982.

Lohse, Bernhard/정병식 옮김. 『마틴 루터의 신학, 역사적 조직신학적연구』. 한국신학연구소, 2002.

Martyn, J. Louis/김병모 옮김. 『앵커바이블 갈라디아서』. CLC, 2018.

Pauck, Wilhelm, ed./이재하 · 강치원 옮김. 『루터; 로마서 강의』. 두란노 아카데미, 2011.

Sommer, Wolfgang and Detlef Klahr/홍지훈 · 김문기 · 백용기 옮김. 『교회사 무엇을 공부할 것인가』. 한국신학연구소, 2008.

Steinmetz, David C. *Luther in Context*. Baker Books, 1995.

Williams, George H. and Angel M. Mergal, ed./남병두 · 홍지훈 옮김. 『성령주의와 아나뱁티스트 종교개혁자들』. 두란노 아카데미, 2011.

zur Mühlen, Karl-Heinz/정병식 · 홍지훈 옮김. 『종교개혁과 반종교개혁』. 대한기독교서회, 2003.

루터와 함께 읽는 갈라디아서

2026년 1월 5일 처음 펴냄

지은이   홍지훈
펴낸이   김영호
펴낸곳   도서출판 동연
등 록   제1-1383호(1992. 6. 12)
주 소   (03962) 서울시 마포구 월드컵로 163-3
전화/팩스   02-335-2630 / 02-335-2640
이메일   yh4321@gmail.com
인스타그램   instagram.com/dongyeon_press

ISBN 979-11-7611-004-4 03230